世界のエリート投資家は何を見て動くのか

MONEY MASTER THE GAME

アンソニー・ロビンズ 著
鈴木雅子 訳
経済評論家 山崎 元 解説

三笠書房

「批判されたくなければ、何も言わず、何もせず、
何者にもなってはならない」

アリストテレス

アンソニー・ロビンズ(愛称トニー・ロビンズ)への「賞賛の声」

「トニー・ロビンズは、何百万人もの人生に影響を与えてきた。その中には、私自身も含まれる。この本は、世界の最も偉大な投資家の洞察力と戦術をあなたに提供するだろう」

カイル・バス(ヘイマン・キャピタル・マネジメント創業者)

「この本は、他のどんな投資本とも違い、読者の人生を豊かにしてくれる知恵と哲学が詰まった1冊だ。ジュージューいうおいしそうな音だけで、ステーキにはありつけないような本が多い中、トニーの本は違う。本書は、あなたの人生を本当に変えるだろう」

デイビッド・バベル(ペンシルベニア大学ウォートン校　財政学部教授)

「トニー・ロビンズのコーチングは、コートの中でも外でも、私の人生にすばらしい変化をもたらした。彼に助けられて、私は本来の自分を見出し、テニスと人生の両方を新たなレベルへと押し上げることができた」

セリーナ・ウィリアムズ
（テニス選手。四大大会優勝23回、オリンピック金メダリスト）

「トニー・ロビンズは成功のリズムを知っている。彼は驚くべきひらめきの宝庫であり、彼のやり方で私の人生の質は向上した。私は最高の人間としか仕事をしない。トニーこそ最高だ」

クインシー・ジョーンズ（ミュージシャン、プロデューサー。グラミー賞受賞者）

「トニー・ロビンズは、自分の使命を果たすための計画を立て、前進するためには何が必要かを見極めるための驚くべき手段を教えてくれる」

ダナ・キャラン（伝説的ファッションデザイナー、DKNY創業者）

◉推薦の言葉

自分が「本当に目指しているゴール」を知る手がかりが見つかる本

トニー・ロビンズとの「最初の出会い」は、カセットテープを通じてだった。テレビの深夜番組のインフォマーシャル（テレビCMの一種）を見て、私はすぐに彼の『パーソナル・パワー』という30日間の自己啓発プログラムを注文した。そして毎日、サンフランシスコの自宅からオラクル社のオフィスのあるレッドウッド・ショアーズまでの1時間の通勤時間を利用して、彼のテープを聞いた。

私は彼の言葉にひどく感動し、ある週末の2日間、家に閉じこもって30日分のテープを全て聞き直した。そしてわかったことは、トニー・ロビンズは実に驚くべき人物であり、彼が説くような考え方に自分はこれまで一度もふれたことがなかった、ということだ。

トニーは私を変えた。当時、オラクル社の最年少副社長だった私は、25歳ですでに大きな成功を手に入れていた（少なくとも、自分ではそう思っていた）。年収は100万ドルを超え、フェラーリの新車を乗り回していた。そう、それが私の考える「成功」というやつだった。豪勢な家、すばらしい車に、ハイソなつき合い。

しかし、私は「自分には何かが足りない」と感じていた。それが何なのかは、わからなかった。

トニーは、私に「自分の立ち位置」を気づかせてくれ、本当に目指すべきゴールはどこにあり、私の人生の持つ「より深い意味」とは何なのかを知る手助けをしてくれた。

私がトニーの「アンリーシュ・ザ・パワー・ウィズイン（自分の中のパワーを解き放て）」という週末の集中プログラムを受講するようになるまで、長くはかからなかった。

このプログラムを通じて、私は自分のビジョンに磨きをかけ、大々的に行動を起こすべく「新たな段階」へと進むことになった。その結果、私はトニー・ロビンズの業績をさらに深く知り、セールスフォース・ドットコムの立ち上げに向けて、さらに歩みを進めたのである。

私はトニーの洞察力と戦略を応用して、ビジョン（Vision）と価値（Value）、そして手段（Method）、障害（Obstacle）、評価（Measure）の頭文字をとったＶ２ＭＯＭというツールをつくり上げ、それを使って、仕事はもちろん、最終的には人生そのものの目的を絞り込み、「本当にやりたいこと」に集中できるようになった。

トニーの週末の集中プログラム「アンリーシュ・ザ・パワー・ウィズイン」は、彼の掲げる「5つの質問」がベースになっている。

1 私が本当に求めているものは何か（ビジョン）
2 それの何が重要なのか（価値）
3 どうすればそれを手に入れられるか（手段）
4 その実現を阻んでいるものは何か（障害）
5 自分が成功しているかどうか、どうすればわかるのか（評価）

トニーが言うように、私の「人生の質」は、私の「質問の質」によって決まる。

そこで、私は人生や仕事、未来について、これらの質問とその答えを記録し、それから考えるようになった。

トニー・ロビンズと彼の教えがなければ、セールスフォース・ドットコムはなかったと断言できる。

セールスフォース・ドットコムが『フォーブス』誌に4年連続で「世界で最も革新的な

企業」に選ばれることも、『フォーチュン』誌に「世界で最も賞賛されるソフトウェア企業」に選ばれることもなかっただろう。年間収益を50億ドル上げ、さらに成長することもなかったに違いない。

本書を読めば、「経済的自由」を得られるだけでなく、トニー・ロビンズのオーディオプログラムで私が経験したのと同じ効果が得られるはずだ。

トニーの知恵（そして世界トップクラスの輝かしい才能に溢れた金融人の知恵）を、よりよい人生を送るために活用してほしい。そして、「トニーの言わんとするところ」を自身の人生にフィットする形に翻訳し、成功を手に入れ、自由を実現するための「自分だけのツール」をつくり上げてほしい。

トニーにこの本のタイトル（訳註　原書のタイトルは『マネーゲームをマスターする』）を聞かされた時、私は開口一番、こう言った。

「トニー、君は単にお金のことだけを言おうとしているわけではないんだね！　君はみんなが、とてつもなく質の高い人生を生きるための手助けをしているんだ！」

この本は「お金」について書かれた本というよりも、「自分が手に入れたい人生の実現の仕方」についての本なのだ。

「お金にどのような役割を担わせるか」を決めるのはあなた自身だ。

生きていくためにお金は欠かせない。

肝心なのは、お金に支配されることなく、お金を支配することだ。それができれば、あなたは思いのままに自由な人生を生きられる。

私の最も親しいメンター、元国務長官であり、元統合参謀本部議長のコリン・パウエル将軍は、お金についてこう語っている。

「自分が好きなこと、うまくできることを見つけて、それに向かって邁進《まいしん》すれば、人生で充足感を得られるはずだ。それは『お金を手にすること』かもしれないし、そうではないかもしれない。『肩書きを手に入れること』かもしれないし、そうではないかもしれない。何にせよ、好きなこと、得意なことに打ち込んでいれば、満足感が得られるはずだ」

パウエル将軍とトニー・ロビンズの言っていることは同じだ。

人生における「本当の喜び」とは、自分の「本当の目的」を見つけ、一日も欠かすことなく、その目的のために行動することなのだ。

「世界を変えるようなソフトウェア会社をつくりたい」というビジョンを追い求めていた時、私に「お金の使い方」について考えさせてくれたのは、パウエル将軍の言葉だった。

ビジネスでは「利益を上げること」はもちろんだが、「世の中の役に立つこと」も重要だ。

セールスフォース・ドットコムを創業した時、私は3つの目標を掲げた。

1 企業向けの新しいコンピューティング・モデルを構築する（それは今、「クラウド・コンピューティング」と呼ばれている）

2 事業用ソフトウェアの新しいビジネスモデルを構築する

3 社会貢献性の高い企業の発展を支える、新しい慈善活動モデルを構築する

そしてこの15年間で、私はソフトウェア業界に大変革をもたらし、セールスフォース・ドットコムを時価総額350億ドルの企業に育て上げた。

しかし、これまでに私がした最善の決断は、会社の株式の1％、利益の1％、そして従業員の就労時間の1％を、社会貢献活動のための組織「セールスフォース財団」に投入したことだ。

その結果、6000万ドル以上の補助金を世界中の非営利団体に出すことができた。そして、2万以上の非営利団体が当社の製品を無料で使用し、当社の従業員は50万時間以上

を地域のボランティア活動に充《あ》てている。

これを実現できたのもトニーのおかげで、自分が本当にやりたいこと、与えたいこと、なりたいものを明確にするツールをつくり上げられたからに外ならない。私の人生でこれ以上の幸福と満足感を与えてくれるものは、他にない。

その他にも、トニーが展開している、年間1億人以上に食事を提供し、毎日300万世帯以上にきれいな水を提供し、奴隷的な境遇から子供や成人を解放する「スワイプアウト・プログラム」にも参加するようになった。

私は両親や親友、会社の重役たちをトニーのセミナーに送り込んだ。すると「トニー・ロビンズは唯一無二の存在だ。彼と同じ時代に生まれて幸運だ」と全員が口を揃えた。

さて、本書を通じ、トニーが私に見せてくれた世界を、読者も目にするだろう。彼が読者のコーチになれば、必ず人生に変化が起き、「本当に欲しいもの」を手に入れるための道が見つかるに違いない！

マーク・ベニオフ
（セールスフォース・ドットコム会長兼ＣＥＯ）

もくじ

2 「投資のチャンス」は到るところに
――最新テクノロジーが描く「未来」

3 人生を切り拓くのは「知識」ではなく「行動」

――「感謝」と「情熱」を心に満たして生きる

4

「真の豊かさ」を手にする最後の秘密

――「お金」と「幸せ」の不思議な関係

「お金の使い道」で幸福度は決まる 262

「経済的自由」に到達するためのチェックリスト

◎編集協力　永井晋一郎

本書は、*MONEY: MASTER THE GAME*（by Anthony Robbins）を抄訳、2分冊したものである。

Section 1～5

☆「マネー・ゲームに勝つ」ための原則

☆この「9つの神話」にだまされるな

☆自分の夢の「実現コスト」はいくらか？

☆人生において一番大切な「投資」の決断

☆どんな経済下でも確実に利益を出せる「黄金のポートフォリオ」

『世界のエリート投資家は何を考えているのか』に収録

Section 6～7

☆「投資界のカリスマ」は何を見て動くのか

☆「投資のチャンス」は到るところに

☆人生を切り拓くのは「知識」ではなく「行動」

☆「真の豊かさ」を手にする最後の秘密

☆「経済的自由」に到達するためのチェックリスト

『世界のエリート投資家は何を見て動くのか』に収録

1

「投資界のカリスマ」は何を見て動くのか

――「経済的に成功する人」のマネー戦略

MONEY
MASTER
THE GAME

叩き上げの億万長者、投資のエキスパートから引き出した「最高の情報」と「知恵」

4年前、私は冒険の旅に出た。

読者のような個人投資家が金融業界のインチキくさいシステムにめげることなく、「自らの力でお金をコントロールする手立て」を見つけられるようにするためだ。

そして、**世界一、豊富な知識と影響力を持つエキスパートから「最高の情報」を引き出してみせる**と誓いを立てた。

この冒険の旅は、すごいものになった！

私は**50人を超える叩き上げの億万長者にインタビュー**した。その中にはノーベル賞受賞者、投資の巨人、ベストセラー作家、大学教授、さらには金融界のレジェンドもいて、もし読者がその場に居合わせたら、絶対に聞かずにはいられない質問を投げかけた。

たとえば、こうだ。

「投資におけるあなたの強みは何ですか。あなたが人と違っているのは、どういうところですか。何十年も市場を席巻しているのは、どういう洞察力のおかげですか」

「今でも勝負に勝つことは可能ですか。昨今のように変化の激しい経済状況下でも、個人投資家は富を手にすることができますか」

「今の世の中で『最大のチャレンジ』は何ですか。そして投資家にとって『最大のチャンス』は何ですか」

彼らの答えを聞いて、私は興奮し、衝撃を受け、時には笑いこけた。堪《こら》えきれずに泣き出したこともある。彼らから学んだことは、大学の講義では決して教えてくれないことばかりだ。それは、投資に関する究極の博士課程だった。私が一対一で〝教授たち〟から指導を受けている間、彼らは彼らで世界経済を動かしているのである。

私の使命は、そこで学んだ選りすぐりの情報を1つにまとめ、お金に関する青写真（ブループリント）をつくり、読者が実生活で活用できる形にすることだ。

彼らに聞いたことの全てをお伝えすることはできないが、彼らの言葉はこの本の中に凝縮されている。彼らと過ごした時間は、友人でありクライアントでもあるポール・チューダー・ジョーンズとの20年間、あるいはテレビ番組の収録の時に控え室で言葉を交わしたウォーレン・バフェットとの20分間とさまざまだ。

たいていは1時間ほどのインタビューを予定して出向くのだが、結果的に3時間、4時間になることも少なくなかった。というのも、私の質問が奥の深いものだとわかると、マネーの巨匠たちも興味津々でつき合ってくれたからだ。**「個人投資家のために使命を果たす」**という私の意気込みに賛同してくれた彼らは、気前よく時間を提供してくれた。

話題は多岐にわたった。「マネーの知」を代表する数人から話を聞くことができたのは極めて名誉なことだった。

中でも興味深かったのは、元米国財務長官のローレンス・サマーズとの出会いだ。彼はオバマ政権下で国家経済会議委員長として世界経済危機に対応した人物である。

アイダホ州で開かれた私の主宰するお金についての会議で、米国経済を立て直す対策について論じていた時、『フォーブス』誌の発行人で、共和党の大統領候補にもなったことのあるスティーブ・フォーブスが手を挙げ、サマーズに質問した。それはまさに「知と知のぶつかり合い」だった。

また別の機会には、カール・アイカーンとジャック・ボーグルという2人の巨人の仲を取り持つことになった（訳註 ジョン・C・ボーグルは〝ジャック〟の愛称で知られる）。カール・アイカーンは、長年ジャック・ボーグルのファンだったが、2人は面識がなかったのだ。2人の投資経験年数を合わせると、優に100年を超す。「一緒に食事を」と誘われたが、私は海外出張中だった。できることなら、ハエになってでもいいから、2人の出会いを目撃したかった。

インタビューの内容をそのまま文字に起こした原稿は1人あたり平均75ページにもなったが、ページ数の関係で、大幅に割愛せざるを得なかった。11人の現役投資家に加え、今は亡きジョン・テンプルトン卿とのインタビューを外すことはできない。彼は史上最高の投資家で、偉大な人物だった。

◆金融界の巨人が教える「これだけは外せない4つのこと」

これから登場するマネーの巨匠たちは、いわゆるエキスパートの常として、未来についてそれぞれ異なった見通しを持っており、得意とする投資手段もさまざまである。短期投資家もいれば、長期投資家もいる。「インデックスこそ進むべき道だ」と考える人もいれば、「裁定取引（金利差や価格差を利用して売買し、利ざやを稼ぐ取引のこと）が絶対儲かる」と言う人もいる。

たとえ戦術は違っていても、マネーの巨匠があらゆる手を講じて、最終的に同じ目的を達成するのは賞賛に値する。

1つ、確かなことがある。それは彼らが全員、偉大なリーダーだということだ。

たとえばメアリー・キャラハン・アードスは、世界でも指折りのポートフォリオ・マネジャーを含む2万2000人の金融のプロを従え、JPモルガン・アセット・マネジメント部門で2兆5000億ドルの資産運用の責任を担っている。

また、チャールズ・シュワブは、個人投資家を守りたいという思いに駆られ、業界に大きな変化をもたらした。820万の顧客口座に預けられた2兆3800億ドルの資産を、全世界の300の店舗で取り扱っているのだ。

読み進むにつれ、「勝者になる」ための方法、経済的な成功を手にし、裕福な生活を送るための方法は、いろいろあることがわかるだろう。彼ら金融の巨人たちは、それぞれが独特な手法を持っているかもしれないが、少なくとも次の４つの点では共通している。

１　絶対、損をしない

マネーの巨匠たちは巨額の利益を追い求めるが、それ以上に心を砕いているのは、**どうすれば損をしないか**ということだ。世界有数のヘッジファンドのマネジャーであれば、大きなリスクを取ることに不安を覚えることはないと思うだろうが、実はマイナス要素に対して恐ろしく敏感だ。

レイ・ダリオ（米国大手ヘッジファンドの創業者兼ＣＥＯ）からカイル・バス（米国ヘッジファンド・マネジャー、リーマンショックを言い当てる）、そしてポール・チューダー・ジョーンズ（米国のトップトレーダー）まで、負け犬にならない限り、明日もまた戦うことができるのだ。

ポールは言う。

「金儲けには、大いに関心がある。損をしないとわかっていれば、安心できる……私にとって最も重要なのは、**防御は攻撃の10倍重要**だということだ。マイナス面には、たえず神経を尖《とが》らせていなければならない」

28年間連続で顧客のために利益を上げ続けてきた男の口から出た言葉が、これだ。極めて単純な話だが、どれほど強調してもしすぎるということはない。

なぜなら、**もし50％損をしたら、スタートラインに戻るためには、100％の利益を上げる必要があるからだ。**そして、そのために費やした時間は、決して取り戻すことはできない。

2 「小さなリスク」で「大きな利益」を上げる

たいていの投資家は「大きな」利益を上げようとする。しかし、マネーの巨匠と呼ばれる人たちはそうではない。彼らは「ホームランをかっ飛ばすこと」を狙っている！

小さなリスクで大きな利益を上げられる投資先を見つけようとするのだ。彼らはそれを「非対称なリスク／利益」と呼ぶ。

ジョン・テンプルトン卿が、「最小のリスク」で「最大の利益」を上げられたのは、まだ株式市場がひどい状態にあって、誰もが売り急いでいる時に、うまくタイミングを計って株を買い入れたからだった。

反対にポール・チューダー・ジョーンズは、市場の動向を追い求めた。しかし、インタビューでも言っているように、彼は1ドルのリスクに対して、少なくとも5ドルの儲けが見込めるまでは投資を行なわなかった。それこそMBAの知恵だと彼は言う。

カイル・バスとのインタビューでは、彼がいかにして3％のリスクで100％の儲けを出すかが明かされる。最終的には、600％を超える利益を達成するノウハウもわかる！

3 予測し、分散させる

最高の予測は、「非対称なリスク／利益」のチャンスを見つけること。そして、納得できるまで徹底的に調べ上げ、予測が正しいか、正しくないかを明らかにすることが大切だ。そして、自分を守るために、幅広く資産を配分し、リスクに備えること。なぜなら、結局、どんなに偉大な投資家であっても、限られた情報に基づいて判断を下さねばならないからだ。

カイル・バスの元パートナー、マーク・ハートにインタビューした時、彼は私にこう言った。

「どんなに立派な人でも投資家としては最悪の場合がよくある。そういう人は、限られた情報に基づいて物事を判断できないからだ。全ての情報が揃う頃には、みんなに知れ渡っ

ているので、抜きん出ることはできない」

T・ブーン・ピケンズに言わせれば、こうだ。

「たいていの人は、こんな感じだ。『構え！　狙え！　狙え！』……でも、絶対撃たない」

4　学びに終わりはない

金融界の巨匠たちは、常に学び続け、儲け続け、成長し続け、与え続ける。どんなにすばらしい成果を上げ続けているとしても、飢餓感を失うことはない。飢餓感こそ天才を解き放つ原動力である。

彼らは心のどこかで「多くを与えられた者は、その見返りとして、多くを与えることを期待される」と思っている。彼らにとっては、「労働＝愛情」なのだ。

マネーの巨匠たちの投資の仕方が多様であるのと同様、得たものを還元するやり方もいろいろだ。時間やお金を分け与える人もいれば、基礎を固める人、他の人に投資する人もいる。与えることにこそ人生の意味があることを、彼らは知っている。自分に与えられた才能を、他の人のために役立てることが自分の責任だと感じているのだ。

ウィンストン・チャーチルは言う。

「我々は手に入れられるもので生計を立て、人に与えるもので人生を築く」

「人生とは、何を手に入れるかではなく、何を与えるかだ」という究極の真実をマネーの巨匠たちは知っている。大切なのは、あなたが何を与えられるかだ。

億万長者の戦略は、投資家としての読者にとって有益なものになるだろう。今から読者は、12人の金融界の偉人たちに質問する私の隣に座って、経済的自由を獲得するための、自分独自の道を見つけることになる。

金融の世界で名声を手に入れるには、どうすればいいのか。何が起ころうと、注意深く対応するためには、どうすればいいか。彼らがそれを教えてくれる。

インフレでも、デフレでも、戦時でも、平時でも、悲しい時も、うれしい時も、どんな時でもやっていけるような投資戦略があなたのものになる。

1

カール・アイカーン
世界を操る達人

ウォール街で最も恐れられている男

「物言う株主」として知られる重要な投資家の１人で、株式会社アイカーン・エンタープライズ創業者。投資総額約１兆7000億円のファンドを運営し、燃料や通信、食品など、数多くの企業に影響力を持つ。その発言１つで翌日の株価が大きく変動する人物として知られる。

CARL ICAHN

問い：1回のツイートが170億ドルの価値をもたらしたのは？
答え：カール・アイカーンが、「アップルは過小評価されている。自分は株を買うつもりだ」とつぶやいたツイート。

2013年の夏、アイカーンがそうツイートして1時間もしないうちに、アップルの株価は19ポイント上昇した。市場が彼のメッセージに反応したのだ。億万長者のビジネスマンが関心を持つような会社なら、買っておいて損はない。

4カ月後、アイカーンは『タイム』誌の表紙を飾り、そこには「宇宙を操る達人」という見出しが躍っていた。さらに「米国で最も重要な投資家」と続いていた。

その通りだ。この40年間、アイカーンの投機ビジネスは、もう1人の投資の神様、ウォーレン・バフェットの1・5倍の利益を上げている。

『キップリンガーズ・パーソナル・ファイナンス』誌の分析によれば、バフェットこそ史上最大の利益を上げた投資家であるという大方の予想は裏切られる。もし読者が1968

年当時、アイカーンに投資を任せていれば、2013年には31%の利回りを上げていただろう。同じ期間、バークシャー・ハサウェイ(バフェットの会社)は「たった」20%の利回りしか上げていないのである。

◈「物言う株主」が企業を強くする

アイカーンは腕一本で世界有数の大金持ちになった。最近の『フォーブス』誌の長者番付では世界27位にランクされ、資産総額は230億ドルである。

しかも、彼の持ち株会社であるアイカーン・エンタープライズ(IEP)に投資している一般株主や、彼がターゲットにしている会社の株主のために数十億ドルを稼ぎ出しているのである。

彼の成功の秘密は何か。

彼に対して批判的な人でさえ認めざるを得ないことは、**カール・アイカーンはチャンスを見つけるだけではなく、自らの手でチャンスを生み出しているということだ。**

しかし外からは、彼は相変わらず、己の利益のために企業から略奪する、ウォール街の血も涙もないハゲタカ投資家だと思われている。「企業乗っ取り屋」で検索してみれば、

「アイカーン」の名前がこれでもかというぐらい出てくるだろう。

しかしカール・アイカーンは、こうした使い古されたイメージと戦っている。彼自身は、自分のことを「物言う株主」だと考えている。つまり「受け取ってしかるべき代価を株主に還元しない上場企業を白日の下にさらけ出そう」というわけだ。

彼が目指すのは、企業のコーポレート・ガバナンスとアカウンタビリティ（説明責任）を向上させ、株主に対する虐待をやめさせること。そして、そうすることで米国企業が強くなり、その結果、米国経済が強くなることだ。

『ニューヨーク・タイムズ』紙は、アイカーンのことを次のように表現している。

「取締役会をてんてこ舞いさせ、企業買収を推し進め、声高に企業に変化を求めることによって、彼は数十億ドルの資産を築いた。その過程で、企業のトップは戦々恐々とし、同類の投資家たちの間からは賞賛の声が上がった」

アイカーンは自分のことを、上場企業が株主をないがしろにし、金庫に富を蓄えるのを阻止すべく戦っていると考えている。「トニー、株主はどれだけ自分たちがコケにされているか、知らないんだ」と、彼は言う。

それどころか、普通の投資家は、取締役会で自分たちが虐待されているとは夢にも思わない。しかし問題なのは、株主が経営者のように考えようとせず、事態を改善する力が自分たちにあると思っていないことだ。そしてアイカーンは、自身がてこ入れすることによって事態は変わることを知っていて、躊躇《ちゅうちょ》することを知らない。

◆「取締役会は仲良しクラブではない」

アイカーンを激怒させる上場企業の取締役会の所業の一端が、コカ・コーラ社に対する彼の批判の中に見て取れる。

コカ・コーラは240億ドル分の新規株を額面以下で発行し、自社の株式価値を希薄化させようとした。その理由は、経営陣への莫大な報酬の財源にするためだった。そんなことをすれば、教師や消防士などの一般投資家が関わる退職金の運用にも悪影響が出るだろう。なぜなら、多くの人がコカ・コーラ株をポートフォリオに組み込んでいるからだ。

アイカーンは、投資家向けのニューズレター『バロンズ』で、この計画を非難し、この計画に反対しなかったウォーレン・バフェット（コカ・コーラ社の筆頭株主で、取締役でもある）に嚙みついた。

「取締役会を仲良しクラブと勘違いして、お互いに事を荒立てたがらない役員が多すぎる。

こんな姿勢では、二流の経営から抜け出せなくなる」

それに対するバフェットの答えは、「この計画に反対はしたが、投票は棄権し、高額すぎる報酬を引き下げるよう経営陣に諭《さと》した」というものだった。彼はこの件についてコカ・コーラ社と対立したくなかったのだ。

それに対してカール・アイカーンは、いつでも戦う用意ができている。泥沼化した戦いを何度も経験し、USスチール、イーベイ、デル、ヤフーといったさまざまな企業を相手に、勝利をものにしてきた。

そして、今回はアイカーンよりも若いファンド・マネジャー、デイビッド・ウィンターズが株を買い、コカ・コーラ社の経営陣の告訴に踏み切った。高すぎる報酬を受け取ってきた世の中のCEO連中にとっては困った話だが、「物言う投資家」の新世代が、数十年に及ぶアイカーンの戦いを受け継いだ形になった。


当然ながら、カール・アイカーンは、マスコミに影響力を持つ業界の大物たちからすれば、「目の上のたんこぶ」だ。

そのため、批評家からはよく、「彼は金目当てだ」とか、「株価を操作している」とか、「短期的利益のために長期的目的を犠牲にしている」とか言われている。

しかしアイカーンは、それは言いがかりだと主張する。つまり人が思っているよりも長く、たとえば10年、15年、時には30年も株を持ち続けることもあるという。

そして彼が会社の経営権を手にした後、その会社の企業価値は何年間も上がり続ける。それどころか、彼が会社を去った後も上がり続けることもある。そう主張するのは、1991年から2007年の間に行なわれた「物言う投資家」による2000例の活動を分析したハーバード大学ロースクールのルシアン・ベブチャック教授だ。

ベブチャックは、「物言う投資家が介入した後、その企業の業績は向上する」とも結論づけている。この研究によって「物言う投資家」の企業の業績に対する長期的な悪影響などはなく、むしろ5年後もその会社は確実に業績を伸ばしていることが明らかになった。

◆ツイートでアップル社に圧力をかける男

カール・アイカーンは全米の企業のトップを標的にしているわけではない。この世にはすばらしいリーダーシップを発揮している経営チームもあれば、会社の資源を最大限に活用し、経済を活性化させている経営者もいる。

しかし、たとえどんなに評判がよく、順調に業績を上げている企業であっても、株主に対してもっと気を配る必要があるというのが彼の言い分だ。

たとえば、アップル社に関するツイッターでの発言だ。彼は、株価を引き上げ、持ち株を売ろうとしたわけではなかったという（事実、インタビュー当日、彼はかなり大量のアップル株を買った）。それにアップルの経営は盤石《ばんじゃく》だと考えていたので、経営に口を出すこともなかった。

彼がツイートした目的の1つは、1500億ドルの手元資金を配当金として株主に還元するようアップルに圧力をかけることだった。同社は、当初600億ドル程度と発表していた自社株購入を900億ドルに拡大するなどし、2014年4月には資本還元プログラムの総額は1300億ドルを超えていた。それと同時に、アップル社は四半期配当金の増額と1対7の株式分割の承認を発表した。現在、同社は彼がツイートした時点の1・5倍の企業価値を持つ。

アイカーン自身は、上場企業であるアイカーン・エンタープライズ社の株の88％を所有している。同社の株は驚くほど堅調で、いわゆる「失われた10年」の間も例外ではなかった。**仮にあなたが、2000年1月1日から2014年7月31日までアイカーン・エンタ**

ープライズ社に投資していたなら、1622％の利益を得ていただろう。同時期のS&P500指数、73％と比べるまでもない！

カール・アイカーンは、投資家の家に生まれたわけではない。彼曰く、ニューヨーク市の海辺の小さな町で育った。母親は教師、父親は元法学生で、地元のユダヤ教会のカントール（合唱団を仕切る指導者）を務める売れないオペラ歌手だった。

カールはプリンストン大学で哲学を専攻し、生活費はポーカーで稼いだ。短期間だったが、医学を少しかじり、軍隊にも籍を置いた。そして、自分に金儲けの才能があることに気がついた。このことで米国の実業界は、それまでとは違う道を歩むことになる。

現在、アイカーンは78歳（訳註　原書刊行時）になり、自らの遺産について考えている。長年にわたり論説を書いたり、投資家や株主の権利に関するインタビューに応えたりするのに忙しい。

しかしはっきり言って、彼はあらぬ誤解を受け、いいかげんな引用をされることに辟易《へきえき》していた。素性も知らない、何を目的としているかもわからない男（私）に「話せるのは2、3分だ」と言い、私のスタッフにインタビューの撮影をやめさせるのも当然だ。

初めはギクシャクしたが、ありがたいことに、結局2時間半経っても話は尽きず、帰り際には彼が15年連れ添った、すばらしい奥方を紹介してもらうことができた。

カールはプライベートでは全く別人だ。面白くて、好奇心旺盛で、おじいちゃんのようでさえある。友人からは年を取って少し丸くなったと言われるらしいが、今でもニューヨークのクイーンズ地区風の訛《なま》りで話し、喧嘩っ早いところがある。

アイカーンは、自分は諦《あきら》めの悪い人間だと言う。特に手に入れる価値があるものは、奪い合いになってでも手に入れるそうだ。

（以下、CI＝カール・アイカーン）

――あなたは貧しい家に生まれ、荒っぽいクイーンズ地区の公立学校に通っていたそうですが、最初に目標を立てていましたか。たとえば、史上最強の投資家になってやろうとか。

CI：私はとてつもない負けず嫌いだ。情熱的とか、偏執《へんしゅう》狂《きょう》的とか、何とでも言ってくれ。しかも、生まれつき、何をやるにせよトップにならないと気がすまない。大学受験の時には教師に言われたものだ。

「アイビーリーグの大学は、こんなところの高校から生徒を取るわけがないから、出願するだけ無駄だ」
とね。構わず入試を受けたら、全部受かって、プリンストンに行くことにした。学費は全額、父が出してくれると言っていたのに、気が変わったのか、授業料しか払わないと言い出した。
「僕はどこで寝て、どうやって食べていけばいいんだ」と言うと、両親に「お前は頭がいいんだから、自分で考えろ」と言われた。

――それで、どうしたのですか。

CI：地元の海水浴場で指導員のバイトをした。指導員としても優秀だったんだ！ キャビンのオーナーに、「一緒にポーカーをやらないか。1週間分のチップがあれば勝負できる」と言われて、最初はルールもわからなくて、いいカモにされたよ。でも、ポーカーについての本を2週間で3冊読んでからは、他の連中の10倍うまくなった。私にとってそれは大金を手にできるゲームだったからね。毎年、夏になると2000ドルは稼いでいた。50年代の話だから、今の金にすれば5万ドルになる。

――ビジネスを始めた経緯は？

CI：大学を卒業して、軍隊に入り、そこでもポーカーばかりしていた。除隊までに2万ドルぐらい貯め込み、それを元手にウォール街で投資を始めたのが1961年のことだ。羽振りもよくて、ゴージャスなモデルの彼女がいて、真っ白な高級車を乗り回していた。それが1962年に株式市場が大暴落して、すっからかんになった。何が何だかわからないうちに、ガールフレンドも愛車もなくしたよ！

――まずはオプション、その後、裁定取引で市場に復帰したそうですね。

CI：借金して、ニューヨーク証券取引所の会員権を買ったんだ。私は結構なやり手でね。経験から市場での取引はリスクが高いとわかっていたので、どこか他のところで自分の数学の才能を生かそうと考えた。裁定取引に必要な資金の9割は銀行が貸してくれた。というのも、当時は安全な裁定取引なら、よほどのことがない限り、損をすることはなかったからだ。初めのうちは、年に150万から200万ドル稼いでいた。

――「非対称利益」について教えてください。過小評価されている会社を買収するようになった頃、当初からそのことを考えていましたか。

CI：まずそういう会社を見つけ出し、徹底的に分析した。ある意味、裁定取引と同じなのだが、誰もわかってくれない。会社の買収というのは、その会社の資産を買うことでもある。だから、その資産をよく調べ、こう考えなければならない。

「これだけの資産がありながら、どうしてこの会社はうまくいっていないのか」

原因の90％は経営にある。業績の伸びていない会社を見つけ、買収するだけの資金があれば、「変える気はないのか。経営者がXとYとZに取り組む気がないなら、私が乗っ取るぞ」と言いに行くだけだ。たいていの経営者は「わかった」と言う。しかし、時には抵抗し、訴訟を起こす会社もある。

私みたいに粘り強い人間はめったにいないし、金に糸目をつけない人間もいない。傍目《はため》には大金を失うリスクがあるように見えるかもしれないが、実際はそんなことはない。

――会社の資産の本当の価値がわかっていれば、リスクに見えるものもリスクではないということですね。

CI：この世は「リスク」か「利益」のどちらかだと考えていないか。リスクと利益しかないと。でも、リスクとは何か、そして利益とは何かをよく理解しなければならない。私は、他の人たちほどリスクを気にしない。数字は嘘をつかない。でも、みんなそれがわかっていない。

――それは、なぜですか。

CI：不確定要素とアナリストが多すぎて、自分の考えをしっかりとまとめられないからだ。

――最近は、買収もなかなか大変ではありませんか。

CI：そんなことはない。確かに、制度上の欠陥が多く、無能な経営者を追い出すのは大仕事だ。たとえば、すばらしい土地にあるブドウ園を、君が相続したとしよう。半年後、全く利益の上がらないことに業を煮やし、ブドウ園を売ろうと考える。ところが、問題が1つ。ブドウ園の管理を任せている男が、いつも留守なのだ。一日中ゴルフばかりしている。しかし、ブドウ園を管理する仕事は辞めないと言う。ブドウ園が売られるのはイヤなので、誰にもブドウ園を見せようともしない。君ならこう言うだろう。

「何をバカなことを言っているんだ。警察を呼んで、そいつを叩き出せ！」

しかし、上場企業の場合、それは非常に厄介なことだ。

――CEOを会社から追い出すのは、制度上難しいですね。

CI：問題はそこだ。株主の声は、なかなか経営者には届かない。しかし私の会社では、それを実現している。会社を買収してみると、CEOはそれほどひどくないこともある。ひどいのは最終的な収益だ。この国の上場会社の運営はひどいものだ。株主が経営に口を出せないようにする法律もたくさんある。会社の経営に口を挟もうとすると、いくつもの障害を乗り越えなければならない。
でも、そうすることが全ての株主にとってプラスになることは、数字が示してくれている。それだけでなく、我々のやっていることは経済にとっても有益だ。なぜなら、会社の生産性が高まるからで、それも短期間とは限らない。15年も、20年も高い成長を続けることもある！

——解決策はどのようなものですか。

CI：ポイズンピル（毒薬条項。買収を阻止するため、特定の株主が一定数以上の株式を保有する場合、安い価格で新株を発行し、特定の株主の持つ株式数の全体に占める割合を低くする）を削除すること。それから、株主の望むような経営をするために、任期別役員会の選挙をなくすこと。
会社はもっと説明責任を果たし、公正な選挙をするべきだ。政治の世界でさえ、今は最悪の状態だが、大統領を辞めさせたければ辞めさせられる。大統領の任期は4年と決まっている。ところが会社となると、どんなに業績がひどくても、CEOを辞めさせるのは至難の業だ。会社のトップは、大学の人気者だったような人間がなることが多い。誰よりも優秀だからではなく、人当たりがよく、誰からも好かれる

アイカーン・エンタープライズ社（IEP）の株価の実績

	期間	IEP	バークシャー	リューカディア	ロウズ	S&P 500	ダウ・ジョーンズ	ラッセル 2000
株式投資の総利回り	2014/7/31までの3年間	164%	69%	-22%	8%	59%	47%	47%
	2014/7/31までの5年間	215%	94%	8%	45%	117%	106%	115%
	2014/7/31までの7年間	37%	71%	-29%	-7%	55%	52%	59%
	2009/4/1から2014/7/31まで	382%	117%	78%	97%	171%	151%	184%
	2000/1/1から2014/7/31	1622%	235%	264%	372%	73%	104%	168%

年率に換算した場合の利回り	2009/4/1から2014/7/31まで	34.3%	15.6%	11.5%	13.6%	20.5%	18.8%	21.6%
	2000/1/1から2014/7/31	21.5%	8.7%	9.3%	11.2%	3.8%	5.0%	7.0%

・2009/4/1は、経済の回復が始まった年
出典：Bloomberg（配当金の再投資含む。2014年7月31日の株価ベース）

〈訳註〉この表は、アイカーン・エンタープライズ社（IEP）の株価の推移を、ニューヨーク証券取引所に上場している著名な企業３社（バークシャー・ハサウェイ、リューカディア・ナショナル、ロウズ・カンパニー）の株価と、代表的な３つの株価指数（Ｓ＆Ｐ５００、ダウ平均株価、ラッセル2000）と比較して示している。IEP社の株価が顕著に上昇しており、他社の株価、代表的な株価指数と比較しても魅力的な投資先であることがわかる。

タイプだから出世できたというわけだ。

――会社の方向性を変えるために、委任状争奪戦を展開する必要がないこともありますね。最近では、ネットフリックス社（訳注　米国のオンラインDVDレンタルおよび映像ストリーミング配信会社）の株を大量に買い、2年間で20億ドルの利益を出しています。

CI：それをやったのは息子のブレットと、そのパートナーだ。私はテクノロジーのことはよくわからないが、息子は20分でその会社がどれだけすごいかを私に納得させた。私は言ったね。「買えるだけ買え！」と。物言う株主とは、あまり関係がない。

――息子さんの20分間の説明で、ネットフリックス社の株価が安すぎると思ったのはどうしてですか。

CI：簡単なことだ。優秀な専門家の多くは勘違いしている。当時、ネットフリックス社は毎年20億ドルの料金収入があった。しかし、この料金収入は貸借対照表に記載されていない。専門家は口を揃えて「コンテンツの代金はどうやって支払うつもりだ」と言っていたが、会社には20億ドルが入ってくることになっていたのだ！　普通、加入者は我々が思う以上に忠実だ！

たとえ何が起こったとしても、多額のキャッシュフローが滞るようになるには、多くの人が思うより長い時間がかかるものだ。

――でも、ネットフリックス社を買収しようとはしなかったんですね。

CI：委任状争奪戦になると思っていたようだが、私はネットフリックス社の共同創業者で、CEOのリード・ヘイスティングスに言った。「委任状をめぐって争うつもりはない。とにかく100％動け！」と。

そして、「アイカーン・ルールを知っているか」と尋ねた。案の定、それは何だと言うので、「3カ月で私に8億ドル儲けさせてくれれば、顔面に一発お見舞いされずにすむ」と教えてやったよ。

――(笑)。2013年の終わりに、あなたは株式の一部を売却しましたね。

CI：株価が350ドルになったので、一部を手放したが、全部売り払ったりはしなかった。

――自分が誤解されていると思うのは、どういうところですか。

CI：みんな、私の意図を理解していない。それとも、わかっていないのは私かもしれない。寝ぼけたことを言うと思うかもしれないが、今まで生きてきて、まさに今、私はこの国の偉大さを守るために役に立ちたいと、心底思っている。ビジネスのやり方を変えたことこそ、私の残した遺産だと言われたい。

私が心配しているのは、この国の大企業の多くの経営の仕方があまりにもひどいことだ。ルールを変えて、CEOや役員会が株主に対する説明責任をまっとうするようにしたいと思っている。

——あなたと奥様は、「ギビング・プレッジ」（訳註　ビル・ゲイツ、ウォーレン・バフェットらの慈善活動。参加者は寄付の意志を示す「誓約の書簡」をギビング・プレッジのHP上で公開し、さらに多くの人の寄付を促すことを目指す）に署名しています。それ以外にも、積極的に取り組んでいる慈善活動は何ですか。

CI：寄付はたくさんしているが、私は自分でやるのが好きだ。最近も3000万ドルをチャータースクール（訳註　米国の州や学区の認可を受けて設けられる初等教育、あるいは中等教育レベルの学校）に寄付した。チャータースクールのいいところは、校長と教員が信用できるところだ。だから、子供たちは一般的な公立学校よりも、ずっとすぐれた教育を受けることができる。

米国は偉大な国だが、悲しいかな、会社と教育制度は機能不全を起こしている。これを変える原動力となるべく、私の富を生かすことが私の望みだ。残念だが、もしそれができなければ、この国は二流か、それ以下の国になってしまうだろう。

◆アイカーン氏は、もしも厳密に実行されれば、今日ほどアクティブ運用するのに有利な時はないと信じている

・その要因

①低金利の恩恵：低コストで資金調達が可能なことから、魅力的な買収が可能

②豊富な手持ち資金を持つ会社が放置されている：こうした会社を買収することで、さらなる買収が可能となり、恩恵を受けられる

③多くの機関投資家が現状で次のような認識を持っている：多くの米国企業に二流のトップマネジメントや思いやりのない取締役会がはびこるようなことになれば、高い失業率に終止符を打ち、世界の市場で競争することなど覚束《おぼつか》ない

・積極的な触媒となれる者（買収を仕掛ける者）にとっては、しばしば買収を仕掛けることが必要になってくる

・我々は、何年もの間、ＩＥＰにてアクティブモデルに従事してきており、物言う株主は増加するＭ＆Ａや企業統合を積極的に追い求めなければならないと信じている

・当然の結果として、低金利の恩恵を受けてＩＥＰがコントロールする企業群が、物

言う株主の専門知識を活用して思慮深く、フレンドリーな買収、あるいはフレンドリーではない買収を行なう能力を大いに向上させている

◆大きな利益を生み出す確かな実績

・IEPの2000年1月以降全体（配当込み）株式収益率は、1622％

・アイカーン・インベストメント・ファンドの2004年11月の設定以来運用実績は、およそ293％で、年平均利回りは約15％

◆最近のIEP企業実績（2014年6月30日中間決算時点）

・純利益　6億1200万ドル

・参考純資産価格　102億ドル

・EBITDA　22億ドル（EBITDA＝支払利息前、税引前、減価償却〈有形固定資産償却＋無形固定資産償却〉前利益）

・年間配当　6ドル

アイカーン・エンタープライズ社が役員を送り込んだ著名な会社一覧と、その就任期間中の投資利回り（年平均）

〈2009年1月1日から2014年6月30日までの5年間〉

	期間	役員就任日	役員を辞めた日	利回り
1	アミリン・ファーマシューティカルズ	2009/6/9	2012/8/8	38%
2	バイオジェン・アイデック	2009/6/10	2014/6/30	43%
3	チェサピーク・エナジー	2012/6/21	2014/6/30	33%
4	CITグループ	2009/12/18	2011/5/10	38%
5	ダイナジー	2011/3/9	2012/10/1	-81%
6	イーベイ	2014/6/17	2014/6/30	76%
7	エンゾン・ファーマシューティカルズ	2009/5/21	2014/6/30	-10%
8	フォレスト・ラボラトリーズ	2012/8/5	2014/6/30	77%
9	ジェンザイム	2010/6/16	2011/4/11	61%
10	ハーバライフ・インターナショナル	2013/4/25	2014/6/30	60%
11	ホロジック	2013/12/9	2014/6/30	28%
12	メンター・グラフィックス	2011/5/18	2014/6/30	13%
13	メトロ・ゴールドウィン・メイヤー	2012/4/25	2012/8/15	96%
14	モトローラ・モビリティ	2011/1/3	2012/5/22	22%
15	モトローラ・ソリューションズ	2011/1/4	2012/3/1	23%
16	ナビスター・インターナショナル	2012/10/8	2014/6/30	33%
17	ニュアンス・コミュニケーションズ	2013/10/7	2014/6/30	2%
18	タリスマン・エナジー	2013/12/1	2014/6/30	-15%
19	テイクツー・インタラクティブ	2010/4/15	2013/11/26	12%
20	ヘイン・セレスティアル・グループ	2010/7/7	2013/11/19	52%
21	トランスオーシャン	2013/5/17	2014/6/30	-10%
22	ボルターリ	2010/6/17	2014/6/30	-62%
23	ウェブMDヘルス	2012/7/24	2013/8/5	124%

トータル：27%

出典：Bloomberg

※役員を辞めた日（2014年6月30日時点で辞めていない場合は、6月30日と記載）

2

デイビッド・スウェンセン
239億ドルの奉仕活動

エール大学財団最高財務責任者

エール大学のCFO（最高財務責任者）として、資産を10億ドルから239億ドルに成長させ、27年間で年利回り13.9%という驚異的な実績を残した投資家。「機関投資界のウォーレン・バフェット」と呼ばれ、大学財団の投資戦略の基礎をつくった人物として知られる。

DAVID SWENSEN

デイビッド・スウェンセンは、一般の人が名前を聞いたことがない最も有名な投資家だ。「機関投資界のウォーレン・バフェット」とも呼ばれ、エール大学財団の最高財務責任者の任期27年間で、資産10億ドルを239億ドルに成長させ、年利回り13・9％という驚異的な実績を打ち立てた。高利回りが売り物のヘッジファンドでさえ、とても及ばず、デイビッドをヘッドハントしようと、多くの会社が躍起になった。

デイビッドは、会えばすぐにわかることだが、金儲けが目的ではなく、投資ゲームを愛しており、偉大な大学に貢献することに意義を見出している。だから、ヘッジファンドに転職すれば、今の何十倍もの給料をもらえるだろうに、現職に留まっているのだ。

デイビッドは、創造者であり破壊者だ。彼の「エール・モデル（または大学基金モデル）」は、現代ポートフォリオ理論に基づいて、デイビッドが同僚ディーン・タカハシと共に考案した投資モデルだ。

原則的には、ポートフォリオを5〜6つに等分して、それぞれを違った資産クラスに投資する。「エール・モデル」は長期的戦略を採用し、低利回り資産（債券・商品取引）よりも株式に重点を置いた広範な資産配分をしている。

資産流動性に関するスウェンセンの見解も革新的だ。「流動性の高い資産は投資効率を下げる」というのが持論で、どちらかと言えば避ける傾向にある。

機関投資に携わる前は、ウォール・ストリートで債券取引に強みを持つソロモン・ブラザーズに勤務していた。デイビッドは、IBMと世界銀行との間で世界初の「通貨スワップ」（訳注　異なる通貨間のキャッシュフローを交換する取引）を構築した経験を持つ。その後、「クレジット・デフォルト・スワップ（CDS）」（訳注　国債や社債などの信用リスクに対し、保険の役割を果たす仕組み）市場が開設され、CDS市場は現在1兆ドル規模に成長した。

エール大学のオフィスでのインタビューの前日、私は彼の著書を読み漁り、インタビューの準備をした。以下が4時間にわたったインタビューの要約だ。

（以下、DS＝デイビッド・スウェンセン）

――米国最大機関の1つに勤務していますが、個人投資家に強い興味を示すのはなぜですか？

DS：私は基本的には楽天家ですが、個人投資家が直面する金融界は無茶苦茶ですね。

——どうしてですか？

DS：個人投資家が本来持つべき選択肢を持てないでいるからです。その根本的な原因は、ミューチュアル・ファンド（訳註　米国で最も一般的な個人向け投資商品。日本の個人向けファンドといえば「投資信託」だが、米国では個人向けファンドの多くが会社型ファンドである。運用会社が『投資家の投資用』という特別な目的で会社をつくり、投資家はその会社の投資家用の株〈シェアー、持ち分〉を購入し、会社が運用から得た利益をもらう仕組みになっている）業界の金儲け主義にあります。

私は資本主義者で、金儲けの意義は認めますが、金融機関の「利益追求」と真に顧客本位の販売、運用、管理をするという「受託者責任」の間には、本質的な矛盾が存在しており「企業が利益を上げると、個人が受け取る利回りは下がる」のです。

——受託者責任については、その意味すら知らない投資家も多いですね。「自社利益より、投資家の利益を優先しなければならない」ことですが。

DS：ファンド会社が多額の資産を集め、高い手数料を課して金儲けするのが問題でしょう。手数料が高いと利回りは悪くなるから、直接の利害対立が生じる。そして、金融業界の利益が優先されて、投資家の利回りが下がる事態が繰り返される。

この利益相反がないのは、バンガード社とＴＩＡＡ－ＣＲＥＦ（全米教職員退職年金基金）だけですね。両社とも、非営利団体として運営されており、投資家の利益を最優先する受託者責任を果たしている。この2社では、受託者責任が常に勝ちます。

――アクティブ運用ファンドの実績は、市場平均を大きく下回ります。運用資産1億ドル以上のファンドの中で、1984年から1998年の15年間に「バンガード500インデックス・ファンド」より高い利回りを実現したのは、わずか約4％に過ぎません。その4％も毎年同じファンドではない。言い換えれば、96％のアクティブ運用ファンドが市場平均を下回るわけです。

DS：その統計は、氷山の一角に過ぎなくて、現実は、もっとひどいものです。過去の実績を見る時は、現存するファンドしか見られないからです。

――「生き残り組だけ」ということ？

DS：その通り。統計には生き残り組しか入っていません。過去10年間に、何百ものファンドが業績不振で破綻しました。そして業績の悪いファンドがいいファンドを吸収するのではなく、業績のいいファンドが常に悪いファンドを吸収するのです。

――ということは、96％は正確な数字ではない？

DS：実際はもっと悪い。

――なるほど。

DS：個人投資家の投資実績が悪いもう1つの理由は、個人投資家が間違った行動をとることです。業績のよい株を購入して、高利回りを追い求め、業績が下がると売り払う。すると、高値で買って、安値で売る結果となり、金儲けはできない。

――高利回りを追求する現実はどうでしょうか。

DS：マーケティングの影響が強い。誰でも、「一ツ星、二ツ星ファンドを所有している」とは言いたくない。四ツ星、五ツ星ファンドを所有して、周囲に自慢したいわけです。

――もちろん、そうでしょうね。

DS：四ツ星、五ツ星ファンドは、過去の実績が偶然よかっただけで、将来も実績がよいとは限りません。過去の実績だけに頼って、いいファンドを買い、悪いファンドを売っていると、利回りは市場平均を下回ってしまいます。これに、「90％以上のファンドが市場平均を下回る」事実と「個人投資家の不合理な行動」を組み合わせると、市場平均からさらに下がってしまいますね。

――高利回りを追求すると、必ず利回りを下げ、損失を出す結果になるということでしょうか。

DS：株価を押し上げた偶然の要因は、一転して株価を押し下げることも多いわけです。これを「平均回帰性」と呼びます。

――では、個人投資家はどうしたらいいでしょう。

DS：個人投資家が高い利回りを実現するためのツールは3つあります。**1つめは資産配分**。どの資産にどんな比率で投資配分するかですね。**2つめは市場でいつ売買するかというタイミング**。1つめの資産配分とは、ある資産クラスが、他の資産クラスより高い利回りをもたらすことに賭けることを意味します。

――債券、株式、不動産のどれに投資するかに賭けるという意味でしょうか。

DS：そう、短期的な賭けです。**3つめは銘柄選択**。株式、債券ポートフォリオにどんな銘柄を含めるかということです。投資家には、この3つのツールしかありません。この中で圧倒的に重要なのは、資産配分です。

――著書を読ませてもらって、本当に驚きました。

DS：エール大学の学生に私が強調するのは、**「資産配分が利回りの100％以上を説明する」**という事実です。市場タイミングを計るにはコストがかかる。株式売買には必ず手数料がかかるからです。料金や手数料を払った分、利回りが悪くなってしまう。これは銘柄選択でも同じです。

――ここで、「インデックスファンド」と「パッシブ運用」の話に戻るわけですね。

DS：その通り。アクティブ運用ファンドは「市場平均を上回る」ことを約束して、高い手数料や費用を課しますが、この約束は実現されないことが多い。パッシブ運用ファンドを購入すれば、**ごく低い料金で株式市場全体を購入できる**。

――どのくらい低いですか？

DS：0・2％以下です。だから、バンガードのインデックスファンドを購入すればいいのです。低コストのパッシブ運用インデックスファンドを購入すれば、マネー・ゲームに勝てます。

――高い料金を払わずに、市場を負かそうともしない。

DS：加えて、**税額が下がる**のも大きな利点ですね。深刻な問題に溢れるファンド業界で、最も深刻な問題は「税額など関係ない」というマネジャーの態度です。税額は非常に重要です。

――人生で税金より大きい費用がありますか？

DS：いや、ないでしょう。だからこそ、**非課税、税金繰り延べ制の恩恵を受けられる投資形態を最大限に活用することが重要なのです**。勤務先の401（k）に最大額を拠出すべきでしょう。税金の繰り延べで投資できるチャンスは、絶対見逃さないことですね。

――最も効率がよい資産配分をどう設定したらいいでしょうか。

DS：経済学の授業を受けたことのある学生なら、「タダのランチなんてものはない」という言葉を聞いたことがあると思いますが、「現代ポートフォリオ理論の父」と呼ばれるハリー・マーコビッツによれば「分散投資がタダのランチだ」なのです。

――その理由は？

DS：分散投資をすれば、どんな利回りでもリスクを下げ、高い利回りを実現できるからです。分散投資こそタダのランチで、よりよいポートフォリオを構築するカギです。

――必要最低限の分散投資とは、どんなものでしょうか。

DS：分散投資にはレベルが2つあります。1つめは銘柄選択。インデックスファンドを買えば、市場全体を所有できるから、最大限に分散したことになります。これがインデックスファンドの最大の魅力で、ジャック・ボーグルの投資家に対する最大の貢献と言えるでしょう。「低コストで市場全体を所有する」ことを可能にしたからです。

2つめのレベルは、複数の資産クラスにまたがって分散投資すること。私が重要と考える6つの資産クラスは、米国株式、米国債、米国物価連動国債（TIPS）、先進国外国株、エマージング・マーケット外国株、そして不動産投資信託（REIT）です。

――他の資産ではなく、この6つを選ぶ理由は何でしょう。そしてご自身のポートフォリオ配分は？

DS：長期投資ポートフォリオでは、株式が中核を成します。株は債券よりリスクが高いですが、通常、利回りはずっと高い。日・週・年単位で価格は大きく変動しても、長期間にならすと株式の利回りは他の資産クラスを上回ります。自著で「株式70%、債券30%」の叩き台として使う架空口座を論じました。

――では、株式70%から始めましょう。分散投資のDS原則（デイビッド・スウェンセンの原則の意）の1つは、「特定資産に30%以上投資しない」ことでしたね？

DS：そうです。

――では、最初の30%はどこに投資しますか？

DS：米国株ですね。**最も重要なのは、米国経済の回復力を決して過小評価しないこと。**政治家がいくら失敗しても、米国経済は隠れた強靭さを持つため、米国株は必ず含めるべきです。

――これが、米国株に限らず外国株も含めて、株式比率が70％と高い理由ですね。

DS：それから、エマージング・マーケット外国株10％、先進国外国株15％、そして不動産投資信託（REIT）15％を加えます。

――残りの債券30％については？

DS：全て米国債に投資します。15％は米国債に、残りの15％は米国物価連動国債（TIPS）に。通常国債だけを購入してインフレ率が上がると、損失が出るからです。

――これを理解できない人が多いのは残念です。

DS：ウォール街で働き始めた頃、最初の顧客に会う前に「利率が上がれば、（債券）価格が下がる」と念仏のように唱えていました。客の面前で間違えたら、大恥ものですからね。

――現在の市場で、個人投資家は金儲けができると考えますか？

DS：長期的「バイ・アンド・ホールド（買持）」戦略を取れば可能でしょう。**分散投資するのは、このためです。将来の市場動向を言い当てられるほど、私は賢くない。**

1990年代後半には、「ポートフォリオを分散投資する必要がどこにある？　S&P500を所有するだけでいい」と言う人が多かった。当時は、たまたま利回りが一番高かったのが株式だったので、そこにだけ目が向いていたのでしょう。「投資先を分散したのは、時間の無駄だった」と言う顧客さえいました。

また、1990年代初頭に飛ぶ鳥を落とす勢いだった日本株に全額投資していたら、90年代終わりには惨めな状態に陥ったはずです。常に最高の資産クラスと同じ利回りを享受することは到底望めないし、次にどの資産クラスが最高の利回りをもたらすかは、誰にもわかりません。

――退職間近のベビーブーマー世代に贈る言葉はありますか。

DS：残念ながら、老後の資金としていくら必要か、全くわかっていない人が多すぎます。「401（k）残高が5万ドル、10万ドルあるから、大金だ」と考える人は本当に心配です。老後資金としては、決して大きな額ではありませんから。

――退職したくても、退職できない人が多く出るでしょうね。

DS：目標に到達するためには、もっと勉強すること。知的な決断を下すために必要な知識を読者に提供しようと本書を執筆するのは偉いと思いますよ。

――「最近、大病を経験した」と聞いていますが、今後の目標は？

DS：1年ほど前にガンと診断されました。「死ぬ前にやりたいことリスト」はなかったし、退職して世界中を旅行したいとも思わなかった。今まで通り、エール大学財団基金を運営して、できるだけ大学に貢献していきたい。今の仕事が大好きだからです。

——それはすばらしい。

DS：エール大学は世界的にみても偉大な大学の1つです。これをより強く、よりよい大学にできたら、私の力が世の中の役に立ったと言えるかもしれない。

——今回のインタビューに応じてくれて、ありがとうございます。エール大学の学生になって、ポートフォリオ構築論の授業を取ったような気分です。

DS：こちらこそ、ありがとうございました。

3

ジョン・C・ボーグル
投資の先駆者

インデックスファンド創始者、バンガード・グループ元社長

世界最大級の投資信託運用会社であるバンガード・グループ創業者。1976年に個人投資家向けに世界初のインデックスファンドを発売、投資業界に革命を起こした。『フォーチュン』誌で「20世紀の投資業界における4人の巨人のうちの1人」と賞賛される。

JOHN C. BOGLE

ジャック・ボーグルの著書を読んだり、テレビでの単刀直入な発言を聞いたりしたことがなければ、米国の至宝を知らないのと同じだ。

『フォーチュン』誌は、ボーグルを「20世紀の投資業界4大巨人」の1人に挙げた。その革新性と市民精神で、ベンジャミン・フランクリンにも比される人物だ。「個人投資家のために誰よりも貢献した」と言う人もいる。

1974年にボーグルがバンガード・グループを創業した時には、インデックスファンドはあくまで学問上の理論に過ぎなかった。しかし、市場全体の動向を反映し、低コスト・低料金でより高い利回りを提供するファンドの構想に賭けるだけの覚悟がボーグルにはあった。

なぜか？　**個人投資家の集まりこそが市場だから、市場を負かすことはできないからだ。**

インデックスファンドは最初「ボーグルの愚行」とバカにされ、競争相手からは「非米国的アイディア」とさえ呼ばれた。

ボーグルはこんな批判をものともせず、バンガードを保有資産額2兆8600億ドルの世界最大のファンド運用会社へと成長させた。その運用額を国家予算と比較すると、英国とほぼ同じだ。

ファンドの格付け会社モーニングスターによると、米国のインデックスファンドは、ファンド投資額全体の3分の1以上を占める。

◆パッシブ運用のインデックスファンドを創始

ジャック・ボーグルは、大恐慌が始まった1929年にニュージャージー州で生まれた。裕福ではなかったが、奨学金をもらい、学生食堂で働きながらプリンストン大学で学んだ。経済学部でミューチュアル・ファンドに関する卒業論文を書き、これがその後の進路を決める手がかりになった。そして、証券会社で夏休みのアルバイトをしていた友人から聞いた次の言葉をジャックは決して忘れなかった。

「ボーグル、株式市場について知るべき知識を全部教えてやる。誰も何も知らないことだ」

1951年に最優等で卒業後、フィラデルフィアのウェリントン・マネジメントに就職したボーグルは、社長にまで出世した。１９６０年代中頃の好景気時に、さらなる成長を目指して他社を合併・買収したが、ボーグルはこれを「人生最大のミス」と呼ぶ。新パートナーのせいで大損を出した上に、取締役会がボーグルをクビにしたのだ。

しかし、ボーグルはこの敗北を投資業界を刷新する大勝利に変えた。ミューチュアル・ファンドの法的制約のせいで、別の取締役会管轄下で、ボーグルはウェリントン・ファンド会長として居座ることになったが、積極的に個別ファンドの運用に関与することは禁止された。

ジャックは私に「アクティブ運用せずに、ファンドを運用する方法があるか？」と聞いた。

「トニー、もう答えはわかるだろう。**パッシブ運用のインデックスファンドを創始して、バンガードと名付けた。最初は、誰もが冗談だと思った**」

信じられない！　もしジャック・ボーグルが「人生最大のミス」を犯さなければ、バンガードは創始されず、何百万人もの投資家が料金を節約してより高い利回りを得ることは、できなかったのだ。

この伝説的投資家を、私はバンガード社のオフィスでインタビューした。２０００年に会長職から引退したものの、未だに毎日リサーチセンターで働いている。１９９６年に心臓移植手術を受けて健康を回復し、「投資家が正当な取り分を得られる」キャンペーンを未だに続けている。以下が４時間に及ぶ、そのインタビューの要約だ。

（以下、ＪＢ＝ジャック・ボーグル）

――あなたの熱意は、一体どこから来るのでしょうか？

ＪＢ：**子供の頃から働かなければならなかったことだ。**９歳で新聞配達を始めたが、大好きだった。元来恥ずかしがり屋だったが、いつも働きづめだったから、無駄話をする必要はなかった。それに負けず嫌いだったから、喧嘩にも負けなかった。

――最初に就職したのは、通常のファンド運用会社でした。

ＪＢ：まだ若僧で、歴史から学ぶべき教訓も知らなかったし、それを実践に生かすこともできなかった。**「常に成功する投資マネジャー」がいると思ったが、そんなものは存在しない。成功者はどんどん変わっていく。**

――それは、どうしてでしょう？

ＪＢ：技術より運が左右するからだ。投資の95％は運で、残りの５％が技術だ。98％が運で、２％が技術かもしれない。

――アクティブ運用のファンド・マネジャーは必要なし!

JB:1024人を一部屋に集めて、コイン投げをしてもらうとする。そのうちの1人が10回続けて表を出したら、「なんてラッキーな男だ」と言うだろう。ところがファンド業界では、「すごい天才だ」と言われる(笑)。人ではなくゴリラにやらせても、結果は全く同じだ。

――「賢い人とよい投資家は大違い」という言葉の意味は?

JB:まず、「投資家は皆、平均的」という概念から始めよう。**大半の投資家は、平均的な利回りを得るために料金を払いすぎている。**

――それは、なぜでしょう?

JB:アクティブ運用ファンドでは平均的な利回りを得るのに、約2%の料金がかかる(1・2%の平均事業費率、取引コスト、キャッシュドラッグ、販売手数料などを含む)。だから、利回りが7%なら、投資家が実際に得る利回りは5%だ(注:料金0・05%のインデックスファンドなら、6・95%)。**6・95%の利回りなら、1ドルの投資は50年間で30ドルに成長する。ところが、利回り5%では10ドルにしかならない。つまり元本を100%出し、100%のリスクを負ったのに、報酬の30%しか手に入らないことになる。**

長期的に利回りを見てみればわかる事実だ。一般投資家は、この点についてもっと学ぶべきだね。

――取引コストの重要性を理解しない投資家は多いですね。

JB：個人投資家は、なぜ株を買うのかを理解すべきだ。それは、配当金と将来の成長のためだ。**長期的に見ると、株式取引における収益の半分は配当金のおかげだ。**そしてファンド費用は、この配当金から引かれるのだ。

トニー、平均的株式ファンドの税引前収益は約2％で、平均事業費率は1・2％だ。これを収益から差し引くと、実質収益は0・8％だ。**ファンド・マネジャーが自社利益のため、収益の半分を持っていってしまう！** そして、ファンド業界は配当金の60％も持っていく。時には100％、いや100％以上も持っていくこともある。この業界で私が嫌われる理由がわかるだろう。

――それなのに、アクティブ運用ファンドに投資する人が、未だに1億人もいるのは一体どうしてでしょう？

JB：宣伝広告の力を決して過小評価しないことだ。2000年に、『マネー』誌に「年利回り41％」という広告を掲載していたファンドの多くが今は存在しない。投資家は「賢かったマネジャーは永久に賢い。利回り20％を実現したマネジャーは、ずっと20％を維持する」と考えがちだが、そんなことは絶対にあり得ない。

――バンガードは、ファンド所有者の利益のみを追求して運営されているそうですが、一般受託者基準の採択を支持しますか？

JB：支持するどころか、私はその最初の提案者の1人で、採択を要求してきた。ファンド業界団体である米国投資信託協会（ICI）は、「私たちはすでに受託者だから、受託者責任の連邦基準は必要ない」と主張するが、なぜ、基準の設定に反対するのか？

彼らは自分たちが負っている2つの受託者責任が利益相反している事実を理解していない。

たとえば、上場企業のブラックロック社には2種類の受託者責任がある。1つめは、ファンド所有者の収益を優先する義務で、2つめは、ブラックロック社の株主の利益を優先させる義務だ。

だから、ブラックロックの社長は究極のジレンマに陥る。ファンド所有者の収益を上げるには、手数料や諸費用を下げねばならない。一方、株主の利益を上げるためには、手数料を上げねばならない。だから、両方をやろうとして、会社は史上最高の利益を上げる。

――なんと皮肉なことでしょう。

JB：米国はすばらしい国だろう？

――これから10年間で最大のチャレンジとして考えていることは何ですか？

JB：米国企業は成長し続ける。株式市場は企業利益から派生的に生まれたものだ。企業はこれからも利益を上げる。利益幅は多少下がっても成長し続け、企業効率を上げていくだろう。**過去の成長率よりは下がるだろうが、それでも着実に成長するだろう。**

――成長率が落ちるのは、高齢化社会になって消費が落ちるせいでしょうか、それとも国民の負債額が多すぎて、借金の返済に追われるからでしょうか？

JB：借金返済は急務だ。**国全体の負債額が大きすぎる。**企業の負債額はさほど大きくないが、連邦、州、市町村単位の地方政府の財務諸表を見ると、巨額の負債を抱えている。この問題は何とかしなければならない。

最大のリスクの1つは、連邦準備制度理事会が4兆ドルもの準備金を抱えていることだ。通常保有額より3兆ドルも多く、これは過去5、6年に積み上げたものだ。この余剰金は何らかの形で市場に放出されなければならない。タイミングや方法は定かではないが、準備金の市場放出が必ず起こることは誰でも知っている。

――次の経済危機を心配すべきでしょうか？

ＪＢ：一般投資家としてではなく、もっと大局的に考えるなら、歴史を振り返るべきだ。歴史は必ず繰り返す。マーク・トウェイン曰く「歴史は繰り返さなくても、韻《いん》を踏む」。だから、経済危機か恐慌が起こる可能性は常にある。**恐慌が起こる確率は10％かな。**０・１％ではない。起こる可能性が高いとは言わないが、「絶対起こらない」と言う人は間違っているし……。

――歴史を知らない。

ＪＢ：その通り。基本的には常識に従うことだ。すぐ廃《すた》れる流行には乗らず、株式、債券市場の一時的変動に動揺しないことだ。

――投資業界に64年間、身を置かれ、あらゆるタイプの市場に遭遇した経験をお持ちですが、投資家が投資をする際に「感情を除外する」にはどうしたらいいでしょうか？

ＪＢ：それは私も含めて誰にもできない。**「市場が50％下落したら、どう感じるか」と聞かれたら、正直に「惨《みじ》めに感じる」と答える。**胃がキリキリ痛んできたら、自著２冊を取り出し、「長期的展望を維持する」と書いた箇所を読み直す！

――自分の子孫にお金を残せず、投資原則しか残せないとしたら何を言い残しますか？

ＪＢ：最初に「資産をどこに投資するかに注意を払え」と言うだろう。自分の目標とリスク許容度に合わせて、資産配分を決める。

次は分散投資だ。必ず、低コストのインデックスファンドを使って分散投資すること。料金の高いファンドが多数あることを忘れてはいけない。

最後に、売買はしない。何があっても、**ファンドには触らず何もしないことだ**。債券への資産配分を少し高めに設定しておけば、売買する誘惑に抵抗しやすくなるだろう。

――その他の投資家へのアドバイスは？

ＪＢ：『ウォール・ストリート・ジャーナル』紙を読むな！　ＣＮＢＣを見るな！　ＣＮＢＣインタビューには何度も応じているが、呼ばれる理由がわからない。大声で「バイ株」「セル株」と叫びまくることで有名な「マッド・マネー」の司会者ジム・クレイマーは、投資から注意をそらすだけだ。

結果がわかっているのに、投資の詳細に時間とエネルギーを使いすぎる。結果は市場平均よりプラスかマイナスの収益（マイナスの方が多い）を手に入れるだけだ。

それなのに、１日中売買可能なＥＴＦ（上場投資信託）を使って、Ｓ＆Ｐ５００ファンドの価格変動に合わせて1日中売買し続けるなんて、時間の無駄だ。そんなことより、子供を公園に連れて行くか、妻と外食する方がよっぽどマシだ。

――お金はどんな意味を持つでしょうか？

JB：**お金はゴールではなく、ゴール達成の手段と考える。**２人の作家カート・ヴォネガットとジョーゼフ・ヘラーについての偉大な逸話がある。

２人がパーティで出会った時、カートはジョーゼフに、「パーティ主催者は、今日10億ドル儲けた。お前の『キャッチ＝22』（早川書房）の全印税額より多い額を、たった1日で儲けたんだ」と言った。ジョーゼフはカートに「そうか、でも俺は、あいつにはないものを持っているから大丈夫さ。『もう十分』という感覚だ」と言い返した。

子供には自分のやりたいことをするのに十分な額は残すが、何もしなくても暮らしていけるほどの巨額は残さない。子供たちに「自分が子供の頃に持っていた長所を、お前たちが持っていないのは残念だ」と言うと、「短所じゃなくて？」と聞き返される。そこで、私は「いや、世の中で一生懸命、ゼロから自分の地位を築いていけることは長所だ」と答える。

――インデックスファンドの概念が業界に根付くまで何年もかかりましたが、今は業界の花形です。**ご自分が正しかったのは、どんな気分ですか？**

JB：「誇りに思うだろう」「自分の実績を自慢したいだろう」と人は言うが、私は「いつかそう思える時が来るかもしれないが、まだだ」と答える。ソフォクレス曰く「夕方にならないと、その日のよさはわからない」。自分の夕方はまだ来ていない。

ここで正直に話すと、ずっと前に死んでいてもおかしくなかった。8回も心臓発作を起こした後、心臓移植を受けた。

心臓が停止したのだから、今生きているのはおかしい。でも生きていられて本当に最高だ。この事実はあまり考えないが、インデックスファンドの勝利を今目撃していると信じている。

投資家の嗜好《しこう》が大きく変わったことでウォール街は変わり、縮小していくだろう。もし、もっと早くに死んでいたら、この変化は目撃できなかった。

――ところで、いつか引退するつもりですか？

JB：それを選択するのは自分ではなく、神だ。今は、投資家に公平な取り分を与える使命に燃えて、人生を満喫している。

ジャック・ボーグルのポートフォリオ中核原則

1 自分の目標とリスク許容度に合わせて、資産配分を決める
2 低コストのインデックスファンドを使って、分散投資する
3 自分の年齢と同じ率を、債券に回す（大まかな目安）

ジャックは今80代で、ポートフォリオ全体の40％を債券に配分しているが、まだ若ければ、100％を株式に投資してもいい。

私の個人口座、個人の退職勘定を合わせたポートフォリオの60％を株式が占めるが、そのほとんどがバンガード株式インデックスファンドだ。残りは債券に投資しており、20％をバンガード・トータル債券市場ファンドに、残りの20％を非課税の地方債ファンドに投資している。地方債ファンドの内訳は、全体の13％をバンガード非課税中期国債ファンド、7％をバンガード・リミテッド・ターム非課税ファンドに振り分けている。

地方債市場の安全性についての懸念は払拭できないが、バンガード最高のアナリス

トと相談の上で出した結論なので、大丈夫だと思う。

私の最大資産である課税繰り延べポートフォリオでは、主にバンガード・トータル債券市場インデックスファンドに投資している。このファンドは短期、中期、長期債券を含み、国債、不動産抵当債権、社債を含む。

ポートフォリオ全体の収益には満足している。2008年には17％下落（注：S&P500は2倍の37％下落）したが、収益は常にプラスで、年率約10％に近い。現ポートフォリオをこのまま保持して、市場変動を乗り切るつもりだ。

4

ウォーレン・バフェット

オマハの賢人

伝説的投資家、バークシャー・ハサウェイCEO

WARREN BUFFETT

ネブラスカ州オマハに住む「史上最高の投資家」。世界最大の投資持ち株会社であるバークシャー・ハサウェイ会長兼 CEO。50年間でハサウェイの株価上昇率200万％を達成。また、実際の価値より割安になっている株を購入し、価値が戻った時点で売る「バリュー投資」で巨額の利益を生み出した。2006年、資産の85％にあたる約374億ドルを慈善団体に寄付。

私はウォーレン・バフェット本人と、『トゥデイ・ショー』の出演前の楽屋で出会った。ウォーレンは20世紀の最強投資家で、676億ドルの保有資産を抱え、世界長者番付で第3位にランクされる。他の出演者と一緒に、米国経済の今後の動向について論じることになっていた。

世界中の何百万人もの投資家と同じく、私はウォーレンの大ファンだ。ネブラスカ出身の株式ブローカーから一代で叩き上げたウォーレン・バフェットは、当時、経済的に困窮していたバークシャー・ハサウェイ社を世界第5位の上場企業に育て上げた。

ウォーレンの成功の秘訣は、ベンジャミン・グレアムから学び、磨き上げた有名な**「バリュー投資システム」**だ。

原則的には、長期的成長が見込める、現在割安な企業株を購入するシステムだ。最小リスクで最大報酬を得る最もシンプルな形式だが、大量の現金と技術、そして膨大なリサーチが必要とされる。有望な投資チャンスを追いかけるために、キャッシュフローが豊かな保険持ち株会社をバフェットが設立したのも、この理由による。

ビジネスで大成功を収めただけでなく、「ビル&メリンダ・ゲイツ財団を通して、個人資産の99%を寄付する」と発表して、史上最も気前のよい慈善家となった。最も頻繁《ひんぱん》にその発言が引用されることでも有名なビジネス・リーダーだ。


ウォーレンと実際に会えたので、私は本書のプロジェクトについて話し、「インタビューできないか」と申し入れた。ウォーレンは目を輝かせながら、こう言った。

「トニー、手助けしたいのは山々だが、投資について言うべきことは、もう全て言ってしまった」

これは確かに本当だ。ウォーレンは、平易な言葉で書かれた投資アドバイスを、1970年代から年次株主向けレターで毎年、発信してきた。さらに、ウォーレンの名前を冠する書籍は50冊近く出版されており、彼自身の著作も数冊ある。

だが、ここで私はもうひと押しした。

「ほぼ全財産を寄付すると発表した後、自分の家族の資産を守り、成長させるためには、どんなポートフォリオを勧めますか?」

ウォーレンはニッコリ笑って、答えた。

「シンプルさ。インデックスファンドを使うべきだ。アクティブ運用のファンド・マネジャーに高い料金を払わずに、米国の優良企業に投資できるからだ。長期的に必ず勝てる！」

世界最強の投資家が、「インデックスファンドはコスト効率がよいベスト投資形態」と推奨した！

スティーブ・フォーブスとレイ・ダリオが、ウォーレンに私とのインタビューに応じるように頼んでくれたが、「投資に関する重要な発言はすでに出版されているので、その必要なし」という態度を崩さなかった。

個人投資家への唯一のアドバイスは「市場の広範な世界優良企業をカバーするインデックスファンドに投資して、長期間保有する」ことだった。2014年の株主向けレターでも、同じアドバイスを繰り返している。

では、ウォーレンの資産配分はどんなものだろうか。ウォーレンは、自分の死後に妻、そして夫婦名義の信託口座に残す財産の資産配分率を教えてくれた。

「10％を短期米国債、90％を低コストのS&P500インデックスファンド（バンガードをお勧めする）に投資する。長期的に見ると、この資産配分でいけば、他のどんな投資家――年金ファンドであれ、機関投資家であれ、高い料金を払ってプロにアドバイスを受ける個人投資家であれ――よりも、大きな収益が得られると信じているよ」
ジャック・ボーグルは、ウォーレン・バフェットのこのアドバイスを聞いて大いに喜んだ。ジャックが40年間広めようとしてきた戦略が、米国最強投資家のお墨付きをもらったのだから。

バフェットは2006年に、「10年間続けてS&P500インデックスファンドの利回りを上回る（手数料控除後）実績を上げるトップ5のヘッジファンド・マネジャーを誰も指名できない」ということに100万ドルを賭けることを公表した。

2007年にニューヨークのプロテジェ・パートナーズは、これを受けて立った。2014年2月現在、S&P500は43・8％の上昇に対し、トップ5のヘッジファンドは12・5％の上昇だ。

オマハの賢人の神託は下された！

5

PAUL TUDOR JONES

ポール・チューダー・ジョーンズ
現代のロビンフッド

チューダー・インベストメント創業者、ロビンフッド財団創始者

年平均99%超というリターンを叩き出した先物取引の天才。1987年のブラック・マンデーなどを正確に予測した。「重要なのは攻撃ではなく防御である」という信条のもと、徹底したリスク管理で莫大な利益を生み出している。26歳で自社を立ち上げてから本書が執筆されるまでの28年間、一度も損失を出していない。

ポール・チューダー・ジョーンズは、史上最強のコモディティ・トレーダー（原油・ガス、貴金属、穀物など商品先物を扱う）の1人で、綿花取引の経験を基に、26歳で自社を立ち上げ、28年間連続、市場平均を上回る輝かしい業績を残した。

また、株式史上、最高単日下落幅22％を記録した1987年のブラック・マンデーを正確に予測したことでも有名だ。全世界が株式市場メルトダウンに震撼《しんかん》していたのに、ポールの顧客は月60％、1年でほぼ200％という驚異的な利回りを達成した。

ポールは私の親友の1人だ。1993年以来今まで、私は彼のピーク・パフォーマンス・コーチを21年間、務めてきた。ポールの驚異的な投資の成功もさることながら、社会貢献の道を常に模索し続ける真摯《しんし》さには心を打たれる。

ロビンフッド財団の創始者として、ポールは世界有数の投資家、金持ちを巻き込んで、ニューヨーク市内の貧困問題と戦ってきた。投資家向け分析と変わらない熱意を慈善活動への寄付にも注いでいる。

1988年以来、ロビンフッド財団はニューヨーク市のプログラムに14億5000万ドルを投資してきた。投資で最小リスクで最大報酬を求めるのと同様に、財団も非常に効率よく運営する。ロビンフッド財団の運営費は、役員会が100%負担しているからだ。グーグル会長エリック・シュミットは、「ロビンフッド以上に効率よく運営されている財団は存在しない」とさえ語る。

ポールは「自分は投資家ではなく、トレーダーだ」と言うが、彼の話には誰でも聞き入ってしまう。

マクロ・トレーダーとして、基本的な経済的要因、心理、テクニカル分析、資金の流れ、世界情勢とそれが経済に与える影響などを総合的に勘案し、マクロ的トレンドを把握した上で投資決断を下す。投資分野も広範に及ぶ。世界で強い影響力を持つ財務大臣、中央銀行、シンクタンクなどから意見を求められることも多い。

私は、コネチカット州グリニッジのチューダー・インベストメント社で、ポールにインタビューした。個人投資家にとって大きな価値のあるアドバイスをくれたので、以下の要約を読んでほしい。

（以下、ＰＴＪ＝ポール・チューダー・ジョーンズ）

——ポール、28年間に一度も損失を出さずに投資、トレードを続けるのは非常に珍しい。どうやってこんな離れ業が実現できたのですか？

ＰＴＪ：人は皆、環境の産物だ。私は１９７６年に商品先物トレーダーとして働き始めた。商品先物取引というのは綿花、大豆、オレンジジュースなどを取引するわけだが、価格が天候に大きく左右される。３～４年の間に、好景気と不景気の両方を経験した。強気市場と弱気市場、それぞれにおける投資家心理を素早く学び、投資家心理が一瞬で変わることも知った。

価格下落時に意気消沈する投資家や、大儲けをした人、全財産を失う人も目にした。投機家のネルソン・バンカー・ハントが銀に投資した4億ドルが、１９８０年には１００億ドルに急騰して、世界長者番付1位になったが、そのわずか5週間後には、評価額がまた最初の4億ドルに戻ってしまったんだ。

——それはすごい！

ＰＴＪ：儲けが一瞬で消えること、手元に資金がある間が大切なことを学んだ。だから「攻撃より守備の方がずっと重要」というのが、私が学んだ最大の教訓だ。富なんてはかないものだから、損失リスクに常に注意しなければならない。

――そうですね。

PTJ：好調の資産は、あまり注意を払わなくてもうまくいく。逆に、調子が悪く損失が出始めた資産には、注意を払わなければならない。ところが、投資家は下落気味の資産は、詳細を見たがらない。**そこで時間をかけて、リスク管理を毎朝最初に確認するプロセスを社内でつくり出した。**私は「損失が出ない」ことを確認したい。

――一般投資家が誤信する最大の神話は何だと思いますか？　一般投資家に損失を与えるものは何でしょう？

PTJ：長期投資したからといって、ずっと長期にわたって金持ちでいられるというわけではない。何でも価格というものがあり、時の経過とともに変動する中心値というものがある。平均的な投資家のほとんどは、（プロが持つような）投資評価の尺度をいつでも理解できるかと言えば疑問だと思う。（株式、債券、不動産など）資産全クラスの専門家にはなれないのだから、分散投資されたポートフォリオを構築すべきだ。

――もちろん。

PTJ：今でも忘れられない逸話がある。まだ働きだして6カ月しか経たない1976年に、綿花トレードのボスに「トレードしなくてはならない」と言うと、「今はトレードしない方がいい。あと6カ月して好機が来たら教えてやる」と言われた。それでも「いいや、今トレードしなくては！」と言い張ると、ボスは「商品取引市場はこれから30年経っても存在する。問題は、その時、お前がまだトレーダーでいられるかどうかだ」と言った。

――全くその通り！

PTJ：ウサギとカメの競争では、カメが勝つだろう？　投資家として一番大事なことは、分散投資をすることだ。防御的に分散投資して、できるだけ長く市場に留まるのだ。

――防御的に分散投資する方法については、どう考えていますか？

PTJ：絶対の確信を持って、「これが今後5～10年間、有効な資産配分」と言える時は絶対に来ない。世界はすごいスピードで変化していく。今、米国株、債券ともにバカバカしいほど割高だし、現金は価値がない。では、どこに投資すればいいのか？　市場に留まるべき時もあれば、諦めて立ち去るべき時もある。金儲けのチャンスにいつも恵まれるなんてことは、絶対あり得ない。

――じゃあ、どうすればいいのですか？

ＰＴＪ：「割安な資産は見当たらないし、特に買い急ぐ理由もない。その場合は、大儲けは期待せずに、損失を出さないことが第一のポートフォリオでしのぐ。もし、割安な資産が出始めたら、その時に初めて行動を起こす」というだけの時もある。

――「防御的ポートフォリオ」を構築する際の具体的戦略はありますか？

ＰＴＪ：バージニア大学では、学生にこう教えている。**この2つを覚えておけば、ビジネススクールになど行かなくてもいい。まず1つめは「主流トレンド」に必ず乗ることだ。**絶対に逆張り投資家には、なるべきではない。

米国長者番付1位と2位は、ビル・ゲイツとウォーレン・バフェットだ。彼らはどうやって金儲けをしたか？　ビル・ゲイツは、所有していたマイクロソフト株の価格が、８００倍に高騰するという主流トレンドに乗ったからだ。ウォーレン・バフェットは「最優良企業の株を購入して、長期保有する。株を売買しなければ、複利成長の力を味方にできる」と言った。

――バフェットは、保険持ち株会社のキャッシュフローを利用して、金を儲けた。

ＰＴＪ：史上最高の強気市場でも株を売買せず、この原則を変えなかった。金儲けの誘惑に決して負けなかった。

――それは驚きです。では次の質問ですが、どのようにしてトレンドだと決めるのですか？

PTJ：**私が全てに適用する基準は、200日間の終値の平均値（移動平均線）だ。**株でも商品取引でも、価値がゼロに落ち込む資産をいくつも見てきた。投資の一番のカギは「大損するのをどう避けるか？」だ。200日移動平均線を見ることで、損失を出すことから逃げられるテクニカル分析のクラスでやるエクササイズを教えよう。ホワイトボードに一番上まで届く右肩上がりの線グラフを書いて、こう聞く。

「このグラフ情報しか持っていない。このまま株を保有し続ける人は何人いるか？」

「保有する」と答えた学生は60％で、「売る」と答えたのは40％だった。ここで私は「**売ると答えた40％の君たちには逆張り投資家の傾向があるから、自己資金を絶対に自分で投資するな。**上昇傾向を台無しにするからだ。上昇機運の株を売り払い、ゼロまで下落する株を買い込むことを一生続けるだろう」と言う。

――それは確かに理に適《かな》っていますね。「過去最高の勝利を収めた時は、その多くが市場の変わり目だった」という話を聞きました。そこが常人と全く異なります。

PTJ：1987年の暴落時には、暴落当日に大儲けした。

――当時の話を詳しく聞かせてください。**トレード史上トップ3に挙げられる取引だ！** 株価が20％上昇すれば大喜びする人が多いのに、その月だけで60％の利回りを実現しました。200日移動平均線の理論で、このチャンスに気づいたのですか？

PTJ：その通り。200日移動線に照らせば、すでに買い相場は終わっていた。価格が頂点に達した時には私は手仕舞いしていて、ポジションはフラットだった。

――トレンドが変わるのを待っていた？

PTJ：そうだ。

――それはすごい！　あの時は私も驚きました。自分は「危険を冒すタイプ」とは考えずに、「常に次のトレンドに乗り、守りに徹する」ことにだけ集中する。学生に送る2つめの教えは何ですか？

PTJ：5対1だ。

――最小リスクで最大報酬を得る？

PTJ：その通り。**5ドル儲けるために1ドルを賭ける。**そうすれば、打率2割（20％）

でいい。リスク管理をしっかりすれば、**自分が大バカで、間違う確率が80%でも損失は出ない**。5回に1回だけ正しければいいのだ。しかし、これは通常の投資法ではない。どの値段で市場に参入すべきかを計算しないし、どこまで妥協して何を犠牲にするかも、真剣に考えない。

――ポール、君が間違う確率が80%など、とんでもない！

資産配分が非常に重要なので、ぜひ聞きたいことがあります。もしお金を子孫に残せず、ポートフォリオと投資原則しか残せないとしたら、何を言い残しますか？　私は、一般投資家が君の視点を理解できるように手助けしたいと思っています。

PTJ：一般投資家のことは、とても心配だ。もし投資が簡単で究極の投資法があれば、誰でも大金持ちになっているはずだ。原則的に、200日移動平均線より価格が下がった株は、売り払うべきだ。また、5対1の「リスク／報酬比率」を常に意識して、自制しながら投資するのも大事な原則だ。資産配分について誰よりも一番よく知っているのはレイ・ダリオだから、ぜひ彼にインタビューすべきだ。

――レイとのインタビューは、すでに予約済です。ポール、君は人生で伝説的な大成功を収めたのに、極めて謙虚です。次に慈善活動について話してほしい。何がその動機になったのですか？

PTJ：子供の頃、メンフィスで露店の野菜市場に行った時、ふと顔を上げると母がいなかった。まだ4歳だったから、母がいなくなっていてパニックだった。すると親切な黒人の老人が近寄ってきて、「お母さんを探してあげるから、心配しなくていい。ほら、泣かないで。お母さんが見つかれば、すぐ元気になるから」と慰めてくれた。手をつないで、一緒にあちこち探してくれ、やっと母を見つけた。泣きじゃくる僕を見て、母は笑い出した。

――そうでしたか。

PTJ：こんな逸話は絶対忘れないものだ。人の親切、神のお恵みはどんどん大きくなり、どんどん増殖する。**小さな親切がいかに大切かを忘れがちだが、この小さな親切が、私の生涯を通した慈善行為の生みの親だ。**

――心打たれる話ですね。この話の強い影響が今でも感じられ、私も思わず涙しそうです。最後に、「お金が十分あれば、ストレスを感じずに済む」と考える人は多いですが、これは本当ですか？　お金の心配は消滅しますか？

PTJ：その日は、まだ来ない。

――わかりました。一応聞いておきたかったので。

ＰＴＪ：何でもそうだが、十分なんてあり得ない。援助したい慈善団体が多すぎるのが、僕の経済的ストレスだ。

現在の経済的ストレスは、自分の気に入った団体に寄付して、自分の人生に情熱と興奮をもたらすことから生まれる。１カ月ほど前に見つけた巨大環境保護プロジェクトに必要な費用は、僕には大きすぎる。最低１００年はかかるプロジェクトだ。

「この木材伐採事業を買い上げ、山林を休ませて自然の姿に復元すれば、１００年後にはすばらしく美しい場所になるだろう」と考える。その後「今は資金が十分ではないが、ぜひ実現したい。一生懸命に働いて、お金を儲けなくてはいけない。今から１００年後の世代への最高の寄付になるからだ」と考える。誰が寄付したかは知らなくても、美しい自然に触れれば１００年後の世代が喜んでくれる。

――なんてすばらしい。今日は本当にありがとうございました。

6

RAY DALIO

レイ・ダリオ
「全天候型」ポートフォリオ

ブリッジウォーター・アソシエイツ創業者、最高投資責任者

資産規模1600億ドルを誇るヘッジファンド、ブリッジウォーター・アソシエイツ創業者。「ヘッジファンドの帝王」と呼ばれ、危機を予見する卓越した読みの鋭さを誇る。リーマン・ブラザーズの経営破綻の影響によりヘッジファンド全体が大幅な減益を記録する中、約12%の収益を確保した。

レイ・ダリオとのインタビューが、本書を執筆する契機となったと言っても間違いない。レイとのインタビューでは、瞑想の効用から、経済がいかにして動くのかといったことまで広範な話題について論じた。

世界最大資産規模（1600億ドル）を誇るレイのヘッジファンドの輝かしい投資実績は、あまりにも有名だ。レイのリスク管理能力は世界一で、世界中の政治家や金融機関が市場の荒波を避けたくて、相談にやって来る。

本書でインタビューした全員にした質問「もし子孫にお金を残せないとしたら、どんなポートフォリオを残すか？」に対するレイの回答が、私が探し求めていた聖杯になるとは思ってもみなかった。

個人投資家が、どんな経済シーズン下でも老後資金を成長させ続けられる「全天候型ポートフォリオ」がそれだ。この魔法とも言える方式の恩恵を今まで受けられたのは、レイの超富裕層の顧客だけだった。

しかし、レイはインタビューを通して、この秘訣を公開する決意をしてくれた。レイの気前のよさには本当に感謝している。

その詳細は、すでに論じたので〈『世界のエリート投資家は何を考えているのか』〈三笠書房〉に収録〉、ここでは繰り返さない。

人生を大きく変える驚くべきポートフォリオだから、実際のポートフォリオ構築にぜひ活用してほしい。

7

メアリー・キャラハン・アードス
1兆ドルの女

JPモルガン・アセット・マネジメント社長

2兆5000億ドルの資産を運用する、JPモルガン・アセット・マネジメントCEO。2005年に『フォーブス』誌の「最も影響力のある女性100人」に選ばれる。パッシブ運用の低コスト・インデックスファンドよりも、アクティブ運用ファンドにより価値があるというスタンスをとる。

MARY CALLAHAN ERDOES

メアリー・キャラハン・アードスは、身長158cmと小柄だが、米国最大の銀行の世界最大の資産運用会社の社長として、強大な影響力を持つ。

『フォーブス』誌は「男性優勢のウォール・ストリートに現われた稀有《けう》な女性の彗星《すいせい》」と表現し、「世界で最も影響力のある女性100人」の1人に選んだ。2009年にJPモルガン・アセット・マネジメントの社長に就任して以来、資産額を30%、金額にして5000億ドル以上、成長させた。

メアリーは現在、財団、中央銀行、退職年金、超富裕層から預かった2兆5000億ドルの運用を監督する。「JPモルガン・チェース銀行現社長ジェイミー・ダイモンの有力な後継候補者リストに、メアリーの名前が載っている」とメディアは報道する。

本書で引用した投資家の多くが、パッシブ運用の低コスト・インデックスファンドを個人投資家に勧めるのに対し、メアリーは「優秀なマネジャーが管理するアクティブ運用ファンドは、高い料金を払うだけの価値がある」という立場を取る。「自社顧客の満足度、忠誠度と新規顧客開拓の成功が、そのことを証明している」と語った。

資産管理を生業とするのは、彼女の血統とも言える。イリノイ州ウィネトカで、投資銀行家を父とするアイルランド系カトリック家庭の長女としてメアリーは生まれた。高校では数学、乗馬に励み、ジョージタウン大学では、数学を専攻した女性は、彼女1人だった。その後、ハーバード大学ビジネススクールに進学して、現在の夫フィリップ・アードスと出会った。

メアリーは、金融機関の重役としては型破りだった。アグレッシブな管理スタイルが主流の業界で、彼女の管理スタイルは「チーム優先」「忠実」「配慮が行き届いた」といった形容詞を冠される。また、資産管理の助けが必要な顧客のため、全米を飛び回ることでも有名だ。現在47歳で、26万人の従業員を抱える企業の最高経営責任者として、その経済知識、経験だけでなく、社内を牽引《けんいん》する指導力でも賞賛を浴びている。

インタビューは、マンハッタンを一望するJPモルガン本社オフィスで行なわれた。会議室に向かうエレベーターの中で、広報部長ダリン・オドゥヨイエが話してくれた逸話が、メアリーの人柄を表わしている。ダリンは、投資信託部門から広報部に移ったが、元々はテレビのキャスターになりたかった。世界中に配信する毎朝のミーティング番組の制作をメアリーから依頼された時には驚いたという。

ダリンが「自分には投資の知識が足りない」と言うと、メアリーは「テレビキャスターになるのが夢と言い続けてきたのだから、トークショーを制作できるチャンスよ」と言った。メアリーはダリンの可能性を、本人以上に評価していた。

役職・肩書にかかわらず、メアリーは従業員1人ひとりの個性を学ぶ努力を怠らない。多忙を極めるのに、ほぼ毎日、3人の娘を学校に送り迎えして、暇があれば一緒にランチを食べるために時間を割く。メアリーのこの性格が、指導者としての素質を育んできた。

（以下、ME＝メアリー・キャラハン・アードス）

――世界最大の資産運用会社の社長を務めていますが、今までの経験や遭遇した障害、そして従ってきた原則などを教えてください。

ME：事前に道のりがわかるわけではなく、「偶然」に導かれて、ということが多いですね。7歳か8歳の時、祖母から誕生祝いに初めての株をもらいました。ユニオン・カーバイド株でした。もらったことは覚えているけれど、どうすればいいかわかりませんでした。

祖母はまず「売っちゃダメよ。このままずっと持っていれば、複利のおかげで大きく成長するわ」と私に言いました。子供の頃から、貯蓄の重要性を学び、資産管理についても考えていましたね。数字が得意なのは自覚していたから、貯蓄するか、使ってしまうかという選択は、とても重要なことだと考えていました。父が金融業界で働いていたのも助けとなっています。週末もオフィスで働く父について行って、私が父の机に、弟たちはアシスタントの机に座って遊んだものでした。この子供の頃の経験がきっかけで、金融サービス業に興味を持つようになりました。

――金融業界は伝統的に男性優勢ですが、今までに遭遇した大きなチャレンジは？

ＭＥ：資産運用業界は結果が全て。だから、顧客の利益を上げればもっと投資してくれ、投資額が増えればもっと利益を上げられる、という好循環が生まれます。これは祖母の教えてくれた複利成長の概念と同じ。資産運用業界は完全な実績主義なので、男女平等に勝負できます。結果を出せば、成功できる、ということです。

――では、「リーダーシップ」について、どのように考えていますか。

ＭＥ：マネジメントとリーダーシップを混同しないことが重要だと思います。私にとってのリーダーシップとは、自分がしないことは人にも頼まないこと。それから、毎日、自社をよりよい職場に向上させる努力をすること。「自分がＪＰモルガン・アセット・マネジメントの従業員のために働いているのであって、その逆ではない」というのが私の信念。だから、本人がまだ気づいていない従業員の可能性を見つけるよう努力しています。

ポートフォリオ・マネジャー、顧客アドバイザー、そして管理職を経験したから、顧客のために会社が何をできるか知っています。ただチームを率いるだけでなく、現場との深い関わりを保ち、部下と一緒に働くのが私の使命だと思っています。リーダーシップは持って生まれた能力だと思うけれど、たとえリーダーシップに恵まれても、さらに磨き上げる努力を怠ってはいけない。相手や状況によってスタイルは変わっても、リーダーシップの基本は変わらないと思っています。

――私は最近、ノーベル経済学賞受賞者のロバート・シラー博士をインタビューしました。その時、シラー博士は金融機関が果たすべき当然の役割について語りました。金融業界の評価が最近下がっていますが、どうしたら回復できるでしょうか？

ME：金融危機の後、金融業界を信用しなくなった人がいますが、その理由は、容易に理解できます。過去を振り返ると、複雑すぎる商品や混乱を招く商品など、変えるべきことはいくつかありました。

でも、全体として金融業界は世界に大きく貢献していると思います。成長に必要な資金を企業に供給することで、雇用が増加します。個人の自宅購入、学資支払い、快適な老後を送るための貯蓄・投資などを手助けします。地域社会を経済的に援助するだけでなく、従業員がボランティア活動に参加して地域に貢献することもあるでしょう。

私は金融業界、そして、JPモルガンで働くことを誇りに思っています。従業員は皆、顧客の役に立つために、毎日ベストを尽くしています。社内には「自分の祖母に売れないような商品は、売るべきではない」という言葉がありますが、簡単な表現だけれど、重要な視点です。

――デリケートな話題ですが、私がインタビューした金融のエキスパートは皆、口を揃えて、「アクティブ運用ファンドは長期的には市場平均を下回る。96％のアクティブ運用マネジャーの実績は、インデックスファンドの実績を下回る」と言っていました。JPモルガンの実績が優秀なだけに、この意見についてどう思いますか？

ME：投資の成功を阻む最大の障害は「万人向けアプローチなど存在しない」ことです。でも、大成功を収めるポートフォリオ・マネジャーは皆、自身の見解に基づいて、企業株を売買し、アクティブ運用しています。長期的に見れば、アクティブ運用することでポートフォリオに大きな違いが出ることは彼らの実績が証明しています。徹底したリサーチの結果に基づき、一見同じように見える2社の株の差を見極めて、ファンドマネジャーは適正な判断を下すことができるのです。JPモルガン・アセット・マネジメントは優秀なマネジャーを集め、長期間にわたり、大きな実績を上げてきたからこそ、運用資産が2兆5000万ドルまで成長したと考えています。

――偉大な投資家は皆、最小のリスクで最大の報酬を求めます。超富裕層は常にそうしてきましたが、平均的投資家がリスクを負わずに、または最小リスクで金儲けするには、どうしたらいいのでしょうか。

ME：資産規模にかかわらず、適切なアドバイスに従って適切に分散投資しているか、そしてそのプランを保持できるかによります。よく見るのは、最初は適切に分散投資していたのに、市場状況の変化に合わせて、もっと儲けたいと欲を出し、投資タイミングを計ったり、不況を恐れて守勢に回りすぎたりすること。市場動向を正確に予想することなど誰にもできないので、これは非常に危険な行動です。広範に分散投資すれば、万一「テール・リスク（想定外の暴騰・暴落）」が起こっても資産は守られるし、投資配分を変えずにそのまま保持すれば、長期的に大きな成長が見込めるでしょう。

――投資家にとって、現在における最大のチャンスと最大のチャレンジは何ですか？

ＭＥ：将来、現在を振り返って、「投資するには好機だった」と言うと思います。過去の失敗を是正できるだけの流動資産が市場に溢れていますから。でも、長期投資の観点から見ると、今後5年間の投資については今、検討すべきです。

今、大半の投資家が求めるのは、定期的な配当収入、価格変動性、流動性・換金性です。２００８年の大不況のせいで、「現金が必要になったら、すぐ換金できるか？」を心配する人が多いのですが、今必要のない資金は、投資すべきです。今、しっかり投資しておけば、きっと大きく成長するから、将来「あの時、投資しておいてよかった」と感謝するはず。もちろん、想定外の事態が絶対起こらないという保証はありませんが、よりよい将来を目指して、金融業界の規定・規則が大幅に改正されたので、以前より安全性の高いシステムになったと言えます。

――慎《つつ》ましい家庭出身で、自力で億万長者になった人に必ず聞く質問です。経済的ストレスはなくなりましたか？

ＭＥ：いくら成功しても、いくらお金持ちになっても、経済的ストレスは絶対なくなりません。

――それはなぜでしょうか。

ME：どんな経済状況であれ、医療費の支払いでも、子孫のための投資でも、慈善目的を実現するためでも、自分のお金を最も有効に使いたいからです。

――経済的ストレスを和らげる方法はありますか。

ME：大局的視野を失わずに、自分がコントロールできることだけに集中することでしょうか。たとえば、毎日精いっぱいの努力をしているか。自分の心と体を健康に保ち、家族や友人の世話をして、職業人としてきちんと仕事をこなしていれば、たまにうまくいかないことがあっても、しばらくすれば正常な状態に戻るはずと思っています。

――自分の子供にお金は残せず、投資原則やポートフォリオ戦略しか残せないとしたら、何を言い残しますか。

ME：長期的な投資をして、どうしても必要な時以外は投資したお金に手を付けないこと。資産配分は人によって異なります。たとえば、私には娘が3人いますが、年も違えば性格も違う。浪費家もいれば、倹約家もいる。金儲けに興味を示すかもしれないし、慈善活動に興味を持つかもしれない。結婚して子供を産むかもしれないし、結婚しないかもしれない。娘が生まれた日にある資産配分で投資し始めても、将来必ず変えなければならなくなります。

――娘さんたちの年齢は？

ＭＥ：11歳、10歳と7歳で、面白い年齢です。

――「ワーク・ライフ・バランスではなく、ワーク・ライフ・インテグレーションを信条とする」そうですが、これはどういう意味ですか。

ＭＥ：幸運なことに、家族を支援し、柔軟な勤務スケジュールを認めてくれる企業に勤務しています。だから、子供のサッカーの試合を見に行くために早退しようと思えば、プロジェクトを夕方に終わらせることもできるし、父がしたように週末にオフィスに子供を連れて行って働くこともできるし、自分の家族に合った最適の選択ができます。

――お父さんがしたのと同じように、娘さんたちが母親の机に座って将来の準備をするわけですね。

ＭＥ：その通りです。私にとって仕事と家庭は一体で、両方を最大限に楽しむのが私のモットーなのです。

8

T.BOONE PICKENS

T・ブーン・ピケンズ

気前よく寄付する億万長者

ＢＰキャピタル・マネジメント社長兼会長

「乗っ取り屋」として知られる著名な投資家。BPキャピタル・マネジメント創業者。かつては油田労働者として年間収入5000ドルで生活していたが、新規株式公開や企業買収などで財をなし、一時は総資産が40億ドルまで達した。日本では、1989〜1991年の小糸製作所の株式買収でも有名。

ＣＮＢＣが「オイルの賢人」と呼ぶＴ・ブーン・ピケンズは、常に時代の先駆者だった。１９８０年代初頭には、最初の「企業乗っ取り屋（本人は「株主活動家」という呼び名を好む）」となったが、当時は誰も聞いたこともなかった「株主配当を最大にする」という視点は、その後の企業経営の主流となった。『フォーチュン』誌は「ブーンの革新的な考え方は完全に主流になり、経済に欠かせない要《かなめ》となった」と書いた。

２０００年代初頭に、ブーンはエネルギー商品に投資するヘッジファンド・マネジャーとなり、**70歳を過ぎてからの第二のキャリアで、保有資産額が初めて10億ドルを超えた。**その後15年で、さらに40億ドルまで成長させたが、その後20億ドルを失い、10億ドルは慈善活動に寄付した。

生来、楽観主義者のブーンは、最近86歳で5度目の結婚をした。ソーシャル・メディアでも活発に活動し、全く衰えを見せない。２０１３年に『フォーブス』誌の「米国長者番付トップ４００」リストから外れた時、次のようなツイートを送ったことでも有名だ。

「9億5000万ドルの資産でも、なんとか暮らしているから、心配は要らない。寄付の額10億ドルが総資産額を超えたのは、面白いね」

私が総資産額について聞くと、ブーンは「トニー、私のことを知っているだろう。2、3年のうちに、20億ドルを取り戻してみせるさ」と言った。

ブーンは、大恐慌の直前に貧しい家庭に生まれた。12歳で新聞配達を始めたが、すぐに配達ルートを28から156に拡大した。これは「買収して成長する最初の経験だった」と語る。

1951年にオクラホマ州立大学を地質学の学位を取得して卒業した後、テキサス州にエネルギー帝国を築き上げた。1981年までに、彼のメサ・ペトロリアムは、系列に属さない石油会社では世界最大となった。1980年代に彼が行なった企業買収は、すでに伝説だ。買収された企業にはガルフ・オイル、フィリップス石油、そしてユノカルが含まれる。

しかし、ブーンの運と資産は常に変動した。1996年に企業利益が下降し続けるメサを去った時には、「もうブーンは終わりだ」と言う人が多かった。その後、投資資産の90%を失ったが、**残った300万ドルをうまく投資して10億ドル以上に成長させた。**

皆が株と債券にのみ注目していた当時、ブーンのＢＰキャピタルは違っていた。エネルギー先物とデリバティブに賭けたのだ。

ブーンは「米国の石油が海外の産油国に依存していることが、国家安全と米国経済にとって最大の脅威だ」と語る。常に時代の先端を行くブーンは「ピケンズ・プラン」を打ち立て、ＯＰＥＣ諸国への石油依存から米国を解放し、新エネルギー政策の策定に向けて熱心に活動している。

私は長年ブーンを尊敬してきた。そしてブーンは友人として、私のウェルス・セミナーでも何度か講演してくれた。次に掲載するインタビューでは、彼の慎ましい生い立ち、富の築き方、そして米国のエネルギーの将来を守ることについて語ってくれた。

（以下、ＴＢＰ＝Ｔ・ブーン・ピケンズ）

——まず、信じ難い誕生時の逸話を聞かせてください。「世界一ラッキーな男」というのは本当だと聞きましたが。

ＴＢＰ：１９２７年に私を妊娠した母は、１９２８年5月にオクラホマ州の田舎町で私を産んだ。その時、医師が父に「妻か子供のどちらを救うか、選ばなければならない」と言った。しかし、父は「そんなことはできない。なんとか両方を救う方法を探してほしい」と言い返した。
この町の2人の医者のうち、1人が外科医だったのは幸運だった。外科医が「その方法は帝王切開だ。実際の手術にも立ち会ったし、やり方を読んだこともあるが、実際にやったことはない」と言った。「私の知識はこれだけだ」と言って、外科医は1ページ半の記事を見せた。父はそれを読んだ後「きっとできると思う」と答えた。2人は跪《ひざまず》いて成功を祈った。**父が外科医を説得してくれたおかげで、私は無事に帝王切開で生まれた。**

――すごい！

TBP：その病院で帝王切開が次に行なわれたのは、その30年後だった。

――**自分の最愛の家族の生命を預かる医師の決断を、そのまま受け入れなかったお父さんの勇気は大したものですね。**

お父さんの勇気はすごい。この経験は人生に大きな影響を与えましたか？　ノーと言われても諦めない性格では？

TBP：諦めない。

――お父さんは苦渋の決断を下す力を持つ人の究極モデルです。母子ともに助かったのだから、「世界一ラッキーな男」と呼ばれる意味がやっとわかりました。

TBP：そうだろう。

――「正直」の概念も真摯に捉えていますね。残念ながら、金融界では中核原則ではないようですが。

TBP：トニー、新聞配達をしていた頃のある日、芝生に財布が落ちているのを見つけた。自分の配達ルートの人の見おぼえのある財布だったので、その家に持っていき、「ホワイトさん、財布が落ちているのを見つけました」と言った。すると彼は「見つけてくれてありがとう。ご褒美をあげるよ」と言って、1ドル札をくれた。当時の1ドルは大金だったから、信じられなかった。

――それはそうでしょう。

TBP：私が11歳だった1940年の話だ。喜んで家に帰って、母、叔母と祖母に「ホワイトさんが1ドル札をくれた」と話したところ、皆クビを横に振った。この話が気に入らないのがわかったから、「ホワイトさんは僕が財布を見つけて届けたのを、喜んでくれたのがわからないの？」と聞いた。すると祖母に「〝正直〟にご褒美は要らない。1ドル札を返しに行きなさい」と言われた。その後、私は1ドル札を返しに行った。

――それは賢い。「苦渋の決断を下す」「正直」の2つの概念が、その後の人生を形成したわけですね。子供の頃にあなたが書かれたものを読んで、その中の文章に啓発されたのを覚えています。

私はリーダーと追従者を分ける要素とは何かについて、常々関心を抱いています。「自分の思い通りに人生を生きてきた」とあなたはいつも言ってきたし、「リーダーシップとは決断力」という一文もよく覚えています。

TBP：1984年にガルフ・オイルを買収しようとした時、その経営陣の力が弱いと感じたから、「彼らには引き金を引くだけの根性がない。狙え、狙え、狙え、ばかりで決して打たないんだ！」と言った。

——それはすごい。あなたならもっと早く引き金を引くことができる、ということでしょうか。

TBP：リーダーの地位に就かされた人の多くが決断を下せないことには非常にイラつく。自分では決めず、誰か他の人に決断してもらいたいのだ。私は自分が下す決断については、申し分ないと思えるし、結果も上々と思える。

——その考えは正しいと証明されました。エネルギー業界を理解し、活用することで億万長者になったわけですから。

TBP：CNBCに出演して予想した石油価格が、21回のうち19回正しかった。

――すごい確率ですね。「2011年には、ガソリンが1ガロン4ドルまで上昇する」と言い当てた。誰もそこまでの上昇を想定できませんでした。

TBP：トニー、2011年に君のセミナーで講演した時、「7月4日までに、原油1バレルの価格が120ドルまで上昇する。1日あたりの世界需要が900億バレルまで増えるので、価格は上昇せざるを得ない」と予言した。

――私の超富裕層プラチナ・パートナーたちは、この予言に従って投資して大儲けをしました。あなたの正確な予言のおかげで、金儲けできた参加者が多かったのには感謝しています。偉大な投資家の共通点は「最小のリスクで最大の報酬を得る」ことですが、リスクを軽減した上で、それに見合う報酬を得るための独自の哲学はありますか？

TBP：MBAプログラムで教えるのは「損失リスクを減らし、報酬を最大化できれば、大きな利益が得られる」だ。だが、私はそんなアプローチは決して取らない。

――本当に？

TBP：確かに、有利な取引も不利な取引もある。そのリスク分析が十分でも、私が最終的に決断するまでの具体的な過程は説明できない。うまく当たれば、場外ホームランになるかもしれないし、下手をすると三振かもしれない。ただ、大きな報酬を得るためには、大きなリスクを負うのを全く厭《いと》わない。

――わかりました。ここで質問です。子孫にお金は残せず、投資哲学かポートフォリオ戦略しか残せないとしたら、何を言い残すでしょうか。長期間、富を保有できるように、どんなアドバイスをしますか。

TBP：きちんとした労働倫理を身につけるようにと子孫に言い残す。労働倫理に加えて、いい教育を受けて、一生懸命に働く覚悟があれば、誰でもゴールに到達できると信じている。自分はオクラホマ州の田舎町で、両親、祖母をはじめ、周囲の皆が一生懸命に働く姿を見ながら育ったから、労働倫理が身についたのだ。よい教育を受けた人が、もっとお金を稼ぐのも見た。

――ポートフォリオ戦略などより、労働倫理や考え方を教えたいということですか？

TBP：その通りだ。

――10億ドル単位の金を儲けては失ってきましたね。金や富にはどんな意味があるでしょう。

TBP：「自分は金持ち」と自覚した時の話はできる。

――それはいつ？

TBP：狩猟犬を12頭飼っていた時だ。

――何歳の時でしょうか。

TBP：50歳だ。

――本当に？

TBP：狩猟犬はいつも飼っていて、父と一緒によくウズラ猟に出かけたものだ。最初は1頭だったが、金を儲けたので2頭に増やした。12頭まで増えた時には犬舎も建てた。そして、ある日ふと「狩猟犬を12頭も飼えるのだから、自分は金持ちになったのだ」と思った。

――あなたは自分の富を気前よく寄付することでも有名です。母校のオクラホマ州立大学（OSU）に当時の史上最高額5億ドルを寄付したのは驚きです。

TBP：OSUを学業でもスポーツでも、一流大学にするのがいつでも私の目標だったから、母校に寄付・貢献できたのは光栄だ。

――2005年のOSUスポーツ・プログラムへの寄付額は、全米大学体育協会（NCAA）史上最高額と聞きましたが。

TBP：その通りだ。

――それはすばらしい。寄付はこれだけではなく、ごく一部に過ぎないという点も尊敬に値します。ここで、エネルギー自給に話題を変えます。過去に石油業界で大儲けしてきましたから、過去7年間「ピケンズ・プラン」で、米国のエネルギー自給を唱えてきたのは、ちょっと意外です。

TBP：**米国の石油中毒が問題だ。この中毒が、米国の経済、環境、国家安全を脅かしている。**時と共に、中毒はどんどん悪化している。1970年代の石油輸入率は24%だったが、現在では70%に近づき、さらに上昇している。

――それで、石油輸入率を下げようとしているわけですね。

TBP：米国を敵対視する、政治的に不安定な外国に、米国の安全を委《ゆだ》ねてしまった。石油のほぼ70%を海外に依存していたら、世界情勢の想定外の変動で窮地に立たされる危険がある。次の10年間にかかるコストは10兆ドルにも上るだろう。**これは、人類史上、最大額の支払いとなる。**

――信じられない。では解決策は何でしょう。

TBP：まず、再生可能エネルギー技術のアップグレードだ。しかしこれだけでは、OPEC（石油輸出国機構）問題は解決できない。風力や太陽光で発電した電力が、まだ交通運輸には使われていないからだ。ここで天然ガスの登場となる。世界中で毎日消費される石油の70%は、交通運輸目的に使われるからだ。だから、石油か天然ガスを国内生産できれば、OPECに依存せずに済む。

——では、何をすべきでしょうか。

TBP：現在1日あたりの原油輸入量1200万バレルのうち、500万バレルはOPECから来る。OPECからの石油に依存しなくてもいいように、天然ガスの生産量を上げる必要がある。発掘に必要な財源はある。**トニー、米国内には100年分の天然ガスが埋蔵されているのだ。**石油換算バレル（BOE）にして4兆バレルが地下に眠っているのだから、これを活用しない手はない。

——信じられない。

TBP：今、天然ガスの価格の方がずっと安い。石油1バレルが100ドルとして換算すると、天然ガスなら約16ドルだ。天然ガス価格がここまで下がったのは初めてだ。トラック運送会社でも、発電所でも、エネルギーを使う会社は、天然ガスをエネルギー源として考慮するべきだ。

——石油の代わりに天然ガスを自動車燃料に採用しようというピケンズ・プランに、膨大な時間とお金とエネルギーを使ってきました。自己資金で、米国民に直接訴える全国メディア・キャンペーンも展開しました。うまくいくと思いますか？

TBP：2008年にこのキャンペーンをワシントンDCで始め、自己資金1億ドルをつぎ込んだ。私はできるだけのことはしたので、米国の新しいエネルギー・プランが決まると思う。

――資産配分についてお伺いします。「生涯を通して、全資産をエネルギー分野に投資してきた」と聞きましたが、これは本当ですか？

ＴＢＰ：その通りだ。しかし、エネルギー分野と言っても業種は広範にわたる。だから分散投資はしていることになるが、エネルギー分野を外れることはない。

――「ピケンズ版資産配分」と言えるわけですね。ところで、5万ドルの投資資金を持つ個人投資家は、今どこに投資したらいいと考えますか？

ＴＢＰ：将来を見据えるなら、油田開発企業や製油所がある。私は過去の実績を重視するので、油田開発と石油生産業に注目してきた。また天然ガスが非常に安いので、この分野も勧める。全体的に言って、驚異的にテクノロジーが進歩したおかげで、石油・天然ガス業界の将来は明るい。**10年前と比較しても、米国の天然資源活用状況は大きく改善した。**10年前より今の方が、楽観的で自信が持てる。

――ブーン、あなたを行動に駆り立てるものは何でしょう。

ＴＢＰ：トニー、現時点では金儲けが好きなことだ。金儲けほどではないが、寄付することも好きだ。成功して、大金を儲け、気前よく寄付するために、自分はこの世に生まれてきたと確信している。

——気前よく寄付する?

TBP：死ぬまでに10億ドル寄付するのが目標だ。ビル・ゲイツとウォーレン・バフェットの「ギビング・プレッジ」を知っているだろう? 2人が電話してきて、加わるよう誘われた。その時「1983年に私が**『自己資産の90%を寄付する予定』と宣言した**『フォーチュン』誌の記事を見たか? **俺のクラブに君たちが加わったらどうだ?**」と答えた。

——それはすばらしい。

TBP：毎日オフィスに行くのが楽しみだ。一生を通して、仕事が人生の全てだった。こう言うと、「そんなことはない。家族が全てだ」と反論する人もいるが、何でもかんでも楽しいのだ。家族と一緒にいても楽しいし、働くのも楽しい。いつもパーフェクトではないが、それなりに楽しくて、翌日にはホームランを出せると思える。人は知らないが、少なくとも自分は毎日そう感じている。

——その情熱と集中力には、私だけでなく多くの人が刺激を受けます。ブーン、すでに大成功を収め、86歳になった今も、成長し続け、寄付し続けています。

TBP：ありがとう。トニー、君も大成功を収めても、自分より多くの人を助けようとしている。

――いや、そんなことはないですが……。

TBP：寄付をしているから、2人とも、勝者だ。

――それには同感です。今日は本当にありがとうございました。

9

カイル・バス
リスク・マスター

ヘイマン・キャピタル・マネジメント創業者

ヘイマン・キャピタル・マネジメント創業者。2005年、米国の住宅価格の暴落を予測し、空売りによって初期投資1億1000万ドルを約7倍の7億ドルに増やす。その後、2008年のリーマン・ショックを的中させ、巨万の富を得たことで有名になった。のちにギリシャ危機も予測し、的中させる。

KYLE BASS

カイル・バスは、水泳の飛び込みの選手として「上がったものは必ず下がる」という物理の基本法則を知っている。だから、2005年当時、上昇し続ける住宅価格について、「住宅価格の上昇が止まったら、何が起こるか?」という質問を始めた。こんな問いは誰も考えもしなかった。

そして、「2008年に住宅価格暴落と、その後に経済メルトダウンが起こる」という想定で世界最大の賭けに出た。わずか18カ月で600%という驚異的な収益を実現し、**「今、最も賢いヘッジファンド・マネジャー」**という称号を得た。

カイル・バスはインタビューにほとんど応じないが、大学在学中に私の著書を読んでいたこともあり、私の依頼には応じてくれた。カイルはテキサス州ダラスにオフィスを構えているが、金融の本拠地ニューヨーク市から離れていることについて、「雑音に惑わされず、競争には有利と考える」と語った。

カイルは気取らない、気さくな性格だ。住宅価格暴落を予測したことについても「トニー、難解な学問ではなく、ダラスの愚者が『住宅価格の上昇が止まったら、何が起こるか』と質問しただけだ」と謙遜する。

カイルはまた、米国内で最大の部類に入るテキサス大学財団（資産260億ドル）の運用投資管理会社の役員を務める。

すでに「カイル・バスと5セント硬貨」についてはは述べた（『世界のエリート投資家は何を考えているのか』〈三笠書房〉に収録）。自分の息子たちに「最小のリスクで最大の報酬を得る」レッスンをするために、5セント硬貨を200万ドル分買い占め、初日に25％の利回りを実現したのだ。カイルは「自分の総資産をつぎ込むだけの5セント硬貨を見つけられれば、全て買い込むだろう」と語った。

硬貨の話はさておき、この「最小のリスクで最大の報酬を得る」という目標のあくなき探求が、今世紀最大の利回りを2回（米国の住宅バブル崩壊時と欧州債務危機の時）生んだ理由だ。そして、「今起こりつつある3度めの正直は、もっと規模が大きい」と語る。

（以下、KB＝カイル・バス）

――ご自身の生い立ちについて聞かせてください。

KB：飛び板飛び込みと高飛び込み、両方の選手でした。ダイビングは肉体勝負と思われがちですが、実は90％が精神勝負です。自分と常に対峙《たいじ》することで、私は自律心と失敗から学ぶ精神を養いました。**失敗から何を学び、どう立ち直っていくかが、人格を形成する**からです。

両親は私を愛してくれましたが、全く貯蓄ができない性格でした。だから「絶対、そうならない」と自分に誓いました。両親は喫煙者だったので、「絶対、喫煙しない」と自分に誓いました。私には、いつでも反面教師の方が効果が大きかったようです。トニー、あなたの教えと私の人生には共通点が多い。

――確かに。教育や才能以外では、成功する人が持つ共通点は「飢餓感」です。

KB：飢餓感と苦痛です。

――飢餓感は苦痛から生まれる。楽をして、飢餓感は生まれない。

KB：その通りですね。

――飢餓感から自分のファンドを立ち上げたのが2006年？

KB：そうです。

――結果を出したスピードが驚異的です。

KB：ラッキーでした。

――1年めの利回りが20％で、翌年は216％？

KB：その通りです。住宅ローン市場で起きている事態に、早くから気づいたのが幸運でした。私は「運も実力のうち」という諺《ことわざ》を信じています。大学時代にトニーの著書で読んだ格言だったと思いますが、とにかく私は準備万端でした。当時、自分の全神経をそこに集中させてきたからこそ、正しいタイミングで正しい場所にいられました。本当にラッキーだったと思います。

――住宅ローン問題を認識していた人は多かったが、実際に行動を起こした人はいなかった。一体どこが人と違っていたのですか？　成功できた理由は何でしょう？

KB：2005年、2006年当時は、原則的に無利子で借金ができました。ロンドン銀行間取引金利（LIBOR《ライボー》）に0・25％を上乗せした超低利率で、わずかばかりの頭金を払って残りはローンを組んで、どんな企業でも買収可能だった。同僚のアラン・フルニエと2人で、当時住宅市場の下落に賭けて大損をしない方法を電話で話し合いました。評論家は皆「所得と雇用が増加する結果、住宅価格も上がる。だから両方の増加が続く限り、住宅価格も上昇し続ける」と言い続けていました。もちろん、この論理には大きな欠点がありました。

――その後、この欠点が明らかになりました。

KB：2006年9月に連邦準備制度理事会（FRB）の会合に参加した時、「カイル、まだ新米だからわからないだろうが、所得の増加が住宅価格を押し上げるのだ」と言われました。そこで、私は、こう反論したのです。

「過去50年間、住宅価格の上昇率と平均所得の上昇率は完成に一致していた。ところが過去4年間は、平均所得が1・5％しか上昇しなかったのに住宅価格は8％も上昇した。だから、中央値から標準偏差にして5～6％の差がある」

この差を解消するためには、所得が約35％増加するか、住宅価格が30％下落するかしかない。

そこで、ウォール街の企業に片っ端から連絡して、**「住宅価格の上昇率が、年率4％、2％、0％に下がった場合の試算モデルがあったら、見せてほしい」と依頼しました。2006年6月時点で、住宅市場の上昇率が下がり、平坦になることを想定していた企業は、ただの1社もなかった。**

——本当に？

KB：本当にゼロでした。

——住宅価格は上がり続けると、皆、盲目的に信じていただけだったのですね。

KB：2006年11月に、UBS（スイスの金融機関）に住宅価格が低迷したとの想定でモデル作成を依頼しました。このモデルでは、「モーゲージ証券（MBS）の損失は9％」という想定でした（注：同様の利率・満期日の住宅ローンをまとめたものが、モーゲージ証券〈ＭＢＳ〉だ。この証券は高い格付けを受け、高利回り債券として投資家に販売された。住宅価格が上昇し続ければ、高利回りが期待できる）。ところが、もし住宅価格が上がらず低迷したら、９％の損失が出る。

当時、ペナント・キャピタル・マネジメントに勤務していたアラン・フルニエに電話して、「もうおしまいだ」と話しました。この時の会話で、私のスイッチが入りました。サブプライムローンの価格下落に賭けるファンドのゼネラル・パートナーシップを立ち上げた時、この電話での会話がきっかけになったことを記念し、アランの名前を取って「ＡＦ　ＧＰ」と名付けたのです。

――なるほど。君とアランにとって、この賭けのリスク／報酬比率はどのくらいでしたか？

ＫＢ：基本的に、住宅価格下落に賭けるコストは年率３％です（訳註　１年間、住宅価格を売り持ち〈ショートポジション〉にするためには、その投資金額に対して３％に相当する金額が必要になる、という意味）。たとえば１ドル賭けて、逆に住宅価格が上昇したとしても、損失はたった３セントです。

――信じられない。異様に低いリスクです。

ＫＢ：そうです。コストはたった３％でした。

――皆が「住宅市場は永遠に上昇し続ける」と考えたからですね。そして報酬比率は？

KB：住宅価格が横ばいから下落したら、儲けは1ドル。

――つまり、損失リスクは3％で、想定が正しかった時の報酬は100％。

KB：その通りです。私が住宅ローン専門家の意見に耳を貸さなかったのもよかったのでしょう。皆、口を揃えて、「カイル、これはお前の専門ではないから、わからないのだ。そんなことは絶対に起こらない」と言いました。それでも私は、「専門知識はないかもしれないが、自分なりにリサーチした結果として出した結論だ」と言い返しました。

自分は部外者だからこそ、森全体が見えたのです。市場内にいる人が見たのは、木だけでした。

――「最小のリスクで最大の報酬を得る」という中核原則を知っていたということですね。

KB：他によく聞いたのは、「金融システム全体が崩壊してしまうから、そんなことは絶対に起こるはずがない」でした。私は、これにも納得がいかなかった。人間が持って生まれた楽観的な考え方が「正バイアス」です。人生を楽観的に考えられなければ、朝ベッドから起き上がることさえできないから、これは確かに重要ではありますが……。

――金融業界では「正バイアス」は働かない。

KB：その通り。

――住宅ローン危機の予想が的中した後、ギリシャを含むユーロ危機を言い当てたのは、もっと驚異的でした。どうやって予想できたのですか。どういうふうに考えたのかを、ぜひ知りたい。

KB：2008年半ばに大手投資銀行のベアー・スターンズの経営が悪化してJPモルガン・チェースに買収され、リーマン・ブラザーズが破綻する直前に、私は自社チームを会議室に集めて「この住宅ローン危機を通して、私企業が抱えていた負債を政府の負債に転換する事態が世界中で起こっている。各国政府の財務諸表をここで再構築してみよう。ヨーロッパはどうか？　日本は？　米国は？　巨額の負債を抱える国が多いので、その現状を理解しよう」と言いました。

〈訳註　サブプライムローンを証券化した商品がデフォルト〈支払い不能〉となったことに端を発した金融危機により、多くの金融機関が債務不履行となるリスクが高まった。そうした企業を救済するため、各国政府が公的資金を投入したため、私企業が抱えていた負債を政府が肩代わりし、政府は自らの負債に転換したことになる。日本でも政府は公的資金を投入して金融機関を救済したが、多くの場合、金利をつけて返済されているので、これには当てはまらない）

もし自分が連邦準備制度理事会（ＦＲＢ）議長のベン・バーナンキや、欧州中央銀行総裁ジャン＝クロード・トリシェの地位にあったら、「この国家の負債問題をきちんと把握したい」と思うに違いないからです。

そのためには、どうしたらいいか？　自分の財務諸表を分析するのと同じ方法で、国家の財務諸表を分析する。そのために必要なデータは、国内総生産（ＧＤＰ）と政府歳入の２つと、国内銀行システムの規模との相互関係です。

――確かに理に適っていますね。

ＫＢ：そこで、銀行システムの規模や既存のローンの数を基準に、いろいろな国の財政を精査しました。既存のローンのうち債務不履行になるローンの割合を計算し、その国の経済にどんな悪影響を与えるかを想定したのです。自社チームに指示して、いくつかの国の銀行システムの規模を調べるために他社に連絡させました。２００８年半ばに、この情報を把握していた企業がいくつあったと思いますか？

――いくつでした？

KB：ゼロです。あらゆる企業に連絡したのに、です。

――信じられない。

KB：仕方なく、国家負債についての経済白書を読み漁りました。その多くは、発展途上国にだけ注目していました。歴史的に見て、国家債務を再編する（訳註　借り手が借金の返済や、債券の償還が困難になった時、債権者に条件を緩和してもらうこと）のは発展途上国が多かったからです。

――先進国は、第二次大戦後に債務を再編して、それ以後はしていないですね。

KB：その通り。2つの国が大枚をはたいて戦争をし、債務を急増させる。敗者が降伏して、勝者が戦利品を勝ち取る。これが常です。

ユーロ危機においては、多くの国が平和時なのに史上最高額の負債を抱えていた。

――それはすごい。

KB：銀行システムの規模を調べるために、国内総生産（GDP）と中央政府の税収、その他さまざまな情報を収集しました。こんな調査は今までしたことがなかったので、いろいろなことを学びました。

――他の誰もやらなかったようですね。

KB：トニー、これは決して難しいことではなかったのです。ダラスの愚者が「問題を把握するには、どうしたらいいか？」と尋ねただけ。そして、この調査結果をもとに、ワーストからベストまで国家ランキングをつくりました。どの国が最悪だったと思いますか？

――アイスランド？

ＫＢ：正解。では、その次は？

――ギリシャ？（カイルが頷《うなず》く）すごい！

ＫＢ：緻密《ちみつ》に分析した結果を検証してみて、私は目を疑った。「この結論が正しいはずがない。もし正しければ、将来、巨大な経済危機が襲う」と自社チームに話しました。

――正しい結論でした。

ＫＢ：そこで、「アイスランドとギリシャの負債を保証する保険契約の取引利率は？」と聞くと、「ギリシャは０・11％」という答えが返ってきました。わずか１％の１００分の11です。そこで、私は「その保険契約を10億ドル分買う必要がある」と言いました。

〈訳註　ここで言っている保険とは、ＣＤＳ〈クレジット・デフォルト・スワップ〉のことで、国〈国債など〉、金融機関〈ローン、スワップ、外国為替など〉が破綻して支払い不能となった場合に、元本分の支払いを保証する保険的金融取引を指す。カイル・バスは、ギリシャ政府を取引相手とする金融取引〈ギリシャ国債の購入など〉が10億ドル分あり、ギリシャが破綻して支払いが不能となる事態に備えて、元本10億ドル分の保険〈CDS〉を買う必要があると考えた）

——信じられない。

KB：2008年の第3四半期に、です。

——不吉な前兆は、もう明らかだったのですね。

KB：個人的には面識がなかったのですが、ハーバード大学のケネス・ロゴフ教授に電話して、「この数カ月ずっと、世界中の国家の財務諸表を構築して、その意味を理解しようとしてきた。しかし、結果があまりにもネガティブなので、解釈を間違えたのではないかと思う。できれば、この調査結果について直接話し合いたいのだが」と申し出ると、教授は「ぜひ会いたい」と言ってくれたのです。

——なるほど。

KB：2009年2月のロゴフ教授とのミーティングが忘れられません。2時間半、話し合った後、全データの一覧表を含めた結論ページに達した時に、教授が「カイル、現状がこんなにひどいとは、信じ難い」と言いました。

この時点で私は、「国家負債について研究しているロゴフ教授が、この結論が正当であると評価し、支持してくれた。これで自分の恐怖は現実となる」と思いました。もしロゴフ教授が気づかないなら、FRB議長や欧州中央銀行総裁が気づくでしょうか？　誰もこの危険に気がつかず、何の対策も講じられていなかったのです。

――何も？

KB：投手がカーブを投げた瞬間に、バットの振り方を決めるようなものです。

――「日本に注目している」と聞きましたが、その真意は？

KB：現在（2014年半ば）、世界中で最大のチャンスは日本だと見ています。サブプライム市場などより、ずっとうまい話です。タイミングはまだ定かではありませんが、利益はサブプライム市場の何倍にも上る可能性があります。**世界中のストレスが集中しているのが日本だと信じています。史上稀な安値だから、保険と思って買うだけの価値はあるでしょう。**

――わかりました。では、コストはどのくらい？

KB：オプション価格（訳註　証券や商品をある一定期間に決められた価格で売買する権利の価格のこと）を決めるのは、「無リスク金利」（訳註　先進国の国債など、理論的にリスクが皆無か極小の投資案件に対する利回り）と「原資産」（訳註　スワップやオプション、先物などのデリバティブ取引の対象となる資産。株式や債券、通貨、金利など、多様なものが対象になる）の予想変動率の2つの要因です。たとえば、七面鳥がこの理論を使って、過去の予想変動率を基に、自分が屠殺される確率を算出したら、リスクはゼロです。

――その通り。

KB：（七面鳥料理が定番の）感謝祭が来るまでは、これは正しいですね。

――そして、気づいた時にはもう手遅れです。

KB：日本について考えると、物価が上がらず、変動率が低い時期が過去10年間も続きました。**変動率は1ケタ半ばで、世界中の資産クラスで最低と言えます。無リスク金利はわずか0・1％です。**だから、オプション取引価格を試算すると、基本的に「価格はゼロ」になります。

（訳註　「失われた10年」などと呼ばれている時期に日銀が資金を市場に大量投入した結果、円の金利は短期、中期、長期のいずれもほぼゼロとなり、金利変動もなくなった。無リスクと言われる投資〈一般に長期国債〉の金利も0・1％という水準になり、将来の価格変動に備えるオプション取引を行なうのに必要なコスト〈プレミアム〉も値段がつかない〈将来にわたって価格変動がないと考えれば、オプションの保険的価値がない〉という意味）

――なるほど。

KB：だから、「もし日本国債の利回りが1・5～2％上昇すれば、日本の金融システム全体が崩壊の危機に瀕《ひん》する」というのが、私の予想です。

――それはすごい。

KB：いつも投資家に言っている私の持論は、「もし2％の上昇が可能なら、15％の上昇も可能だ」です。

――なるほど。

KB：日本経済はこのまま停滞し続けるか、自爆するかのどちらかです。

――これが「テールリスク」（想定外の暴騰・暴落）の概念につながるわけですね。投資家でも知らない人が多いので、その意味を説明してください。

KB：私は、急速に進む高齢化など、日本経済の停滞を背景とした財政赤字の拡大により、日本の長期金利は今後急騰する（10年長期国債の発行金利が20％以上になる）と考えています。だから、自分の総資産のうち、年0・03～0・04％を日本に賭けています。具体的には、日本の長期国債のプットオプション（長期国債を一定価格で売る権利）を元本に対して0・4％のプレミアム（オプション代金）を支払って買っています。

自分の想定通りに日本の長期金利が20％以上に高騰すると、支払った代金の20倍以上の儲けを得られることになります。

トニー、投資史上、こんなに割がいいオプション商品は、今まで存在しなかった。

これは、あくまで私の個人的見解だから、間違っている可能性もあります。今（2014年半ば）まで、私の予想は現実にはなっていないのですが。

――まだ「その時」が来ていないのかもしれませんね。

KB：私の想定していることは、これから10年間、起こらないかもしれませんが、これが現実となる確率は100％だと思っています。「今まで起こったことがない事態にどうして賭けるのか？」と聞く人がいますが、それに対して、「こんなうまい話を前に、受託者として慎重になりすぎて、絶好のチャンスをみすみす見逃すことはできない。

自説が正しいかどうかは関係ない。コストがこんなに低いのだから、買わなきゃ損だ」と私は答えます。

もし火災の起こりやすい地域に住んでいて、200年前に町が全焼する大火災があったとしたら、火災保険を含む住宅保険を買わないなんて考えられないですから。

――わかりました。ここで質問です。ご自分を「リスクを冒すタイプ」と考えますか？

ＫＢ：いいえ。

――そうだと思ったから聞いたのです。では、そう思わないのはなぜですか？

ＫＢ：「大きなリスクを冒す」とは言い換えれば、「全財産を失う危機に晒《さら》す」ということです。自分は絶対そんなリスクは冒さない。

――もし、自分のお金を子供には残せず、ポートフォリオか投資原則しか残せないとしたら、何を言い残しますか？

ＫＢ：子供に2～3億ドル分の5セント硬貨を残せば、お金の心配は全く要らないですね。

――それが言い残すポートフォリオ？　それは変わっていますね。人生で一番の楽しみは？

ＫＢ：子供です。

――すばらしい。

ＫＢ：１００％、子供です。

――今日はありがとうございました。楽しいインタビューで、いい勉強になりました。

10

マーク・ファーバー
型破りな発言で著名な逆張り投資家

『グルーム・ブーム・アンド・ドゥーム・レポート』発行者

スイス出身の投資アナリスト、投資アドバイザー。マーク・ファーバー・リミテッド創業者。1987年のニューヨーク株式市場の暴落や日本のバブル崩壊などを予見、警告したことで有名。2008年の米国の金融危機、景気後退についても前年に指摘していた。

MARC FABER

マーク・ファーバーが発行する投資ニューズレター『グルーム（憂鬱）・ブーム（にわか景気）・ドゥーム（破滅）』の名前から、どんな市場観を持つかは明らかだろう。

このスイスの億万長者は私の長年の友人だが、型破りな発言で有名な逆張り投資家だ。マークは18世紀の投資家であるロスチャイルド男爵の言葉、「街に血が流れる時が、買うベストチャンス」に従う。

そして、ジョン・テンプルトン卿と同じく、皆が避け、無視するようなお買い得品を探し求める。だからこそ、米国市場にのみ注目する投資家が多い中、マークは、ほぼアジア市場に限定して成長株を探す。

また、中央銀行に対しては極めて批判的だ。特に、連邦準備制度理事会（ＦＲＢ）に対しては、「正当な根拠もなしに何兆ドルもの紙幣を印刷して世界中にばらまき、世界経済を不安定にした張本人」として厳しく非難している。

マークが「ドクター・ドゥーム」のあだ名をもらったのは、常に「今一番人気の資産は価格が高くなりすぎて、暴落間近」と予想し続けてきたからだ。

ロンドンの『サンデー・タイムズ』紙は、「マーク・ファーバーは、誰も聞きたくない発言をする」と書いたが、彼の予測は多くの場合、正しい。特に、1987年の米国株式市場暴落の予想はまさに的中し、マークは大儲けした。


マークはスイスで、整形外科医の父とホテル経営者一家出身の母の間に生まれた。チューリッヒ大学で経済学博士号を取得した後、国際的投資企業ホワイト・ウェルド社に就職した。1973年にアジアに転勤後、そのままアジアに留まった。

現在は香港に本社を構え、タイ王国のチェンマイに別荘を持つ。中国が共産党の泥沼から這い上がり、アジア全体の経済を牽引する原動力へと変貌する様子を間近で見てきた。

マークは風変わりなことでも有名で、「世界のナイトライフ通」と自認する。

また、経済フォーラムやテレビ番組でも人気のあるスピーカーだ。**有名投資家が多く登場する『バロンズ』（投資家向けのニューズレター）の座談会記事によく登場するが、マークが推奨する銘柄は利回りが高く、12年連続で年率ほぼ23％を誇る。**

アジアに関する著書も複数出版、香港に本社を置く投資諮問会社マーク・ファーバー・リミテッドの取締役を務める。マークはスイス訛りの英語を話し、飄々《ひょうひょう》としている。以下は、私が主催した2014年経済会議の壇上で行なったインタビューの要約だ。

（以下、MF＝マーク・ファーバー）

――今でも世界中で喧伝される「投資の3大ウソ」は何でしょう。

MF：一言で言えば、全てウソだ。今まで正直な人に会ったこともあるが、残念ながら、長期的に見ると、セールス主眼のファイナンシャル・アドバイザーの方が圧倒的に多い。本当に正直な人を自分の周囲に集めるべきだ。自分の経験から言うと、誰でも夢のような投資商品を売りたがる。

今までいろいろな投資ファンドの会長を務めてきたが、顧客はちっとも金儲けできないのに、ファンド・マネジャーやブローカーは皆、大儲けする。

――では、投資家はどこに投資したらいいのでしょう？

MF：投資業界には、異なる理論が存在する。効率的市場仮説（訳註　株式市場には、その時点での利用可能な全ての新しい情報がすぐに織り込まれ、超過リターンを得たり、株価の予測をしたりすることは不可能という学説）信奉者は「市場は効率的だから、銘柄を選定するのは無駄で、インデックスファンドを買うのがベスト」と主張する。

しかし、市場平均を大きく上回る利回りを実現できるファンド・マネジャーが存在するのも事実だ。会計に長けるか、企業分析の技術を身につけた人が存在すると私は信じる。

――最近の市場はどうですか？

MF：新興国市場は、まだリスクがあると思う。株や通貨を買うのはまだ時期尚早だが、米国株を買うには遅すぎる。S&Pインデックスが1800を超えたら、もう価値がないから買いたくない。だから飲んで踊って、何もしないのが一番さ！ジェシー・リバモア（20世紀初頭の有名なトレーダー）は、「何もせず座っていれば、大金が儲かる」と言った。何もしなければ、現金が手元に残る。人生で一番大事なのは、損をしないことだ。

非常によいチャンスに恵まれなければ、リスクを負うだけの価値はない。3～5年ごとに訪れる大儲けのチャンスが来るまで、現金を手元に置いておく。

2011年末には米国住宅市場で大きなチャンスが訪れた。この好機については書いたが、実際にアトランタとフェニックスにも足を運んだ。米国に住みたくはないが、絶好の投資チャンスだからだ。

だが、このチャンスは意外に早く去った。ヘッジファンドが大量の資金を持ち込み、何千軒もの住宅を買い占めたから、個人投資家が出る幕はなかった。

――これから、デフレまたはインフレが起こりますか？

MF：インフレ・デフレの議論は的外れだと思う。インフレとは「通貨量の増加」と定義されるべきというのが私の持論だ。市場に流通する通貨量が増えた結果として、銀行の与信取引が増加し、通貨膨張が起こる。

「通貨膨張」という概念は重要だ。通貨膨張の症状は極めて広範に及ぶ。物価上昇や賃金上昇が起こる。ただし、米国では過去20～30年間に実質賃金が目減りし続けたので、そんなに単純ではない。

ベトナムや中国の賃金はどうか？　中国をはじめとする新興国では、賃金が年率20～25％の割合で上昇している。だから、君の質問に戻ると、資産・商品・価格・サービスの分野で、分野によっては、インフレとデフレが同時に起こり得る。世界中で同時に物価上昇が起こったり、逆に同時に価格暴落が起こることは極めて稀だ。

現在の管理通貨制度下では、いくらでも紙幣を増刷できるので、お金はなくならず、単に形態が変わるだけだ。ここで消えるのはクレジットだから、全般的に価格レベルが下がるのだ。

投資家が知りたいのは、何の価格が上昇するかだ。「石油価格は上がるか、下がるか？」もし上がるなら、石油会社の株を買いたい。もし下がるなら、違う資産を買いたい。

――現在の経済環境で、損失を出さずに儲けを生む資産配分アイディアはありますか？

MF：過去の自己資産の配分は、株式25％、金25％、現金25％、不動産25％だった。今は、株式の比率を下げていて、その分、現金の比率が通常より高い。ベトナムの不動産とベトナムの株式の比率も上げた。

――では、現在の資産配分比率を教えてください。

MF：大きすぎて、一言では言えない。

――それは、ポートフォリオの話？　それとも別の話？

MF：（笑）正直言って、毎日勘定し直すわけではないので、わからない。

――では大雑把《おおざっぱ》でいいですから、どんな配分比率でしょう？

MF：債券と現金の合計が約30～35％くらい、株式が20％くらい、不動産はおそらく30％、金が25％だ。これでは合計が１００％を超えてしまうか。まあ、大雑把なところは米国財務省と同じだから、気にしない。

――現金を好む理由はわかりますが、債券についてはどうですか。今が最安値ではないかと心配する人が多いですが……。

MF：私が所有する債券は、新興国の債券が多い。社債は、ほとんど米ドルとユーロ圏だ。

ここで明確にしておきたいのは、新興国の債券は株式に似た性格を持つということだ。新興国では、株価が下がると、債券価格も下がる。２００８年には、ほぼジャンク債のように暴落した。だから国債というより株式に近いが、私はいくつかの新興国の国債を所有している。私の株式比率が20％と低いのは、このせいだ。新興国の債券の疑似株式リスクは20％以上で、30％に近いかもしれない。

（訳註　一般に先進国では、国債と株式とは逆相関〈少なくとも非相関〉の関係にある。株式相場が大きく値を下げる場合、資金は株式市場から国債市場に逃避する。その結果、国債が買われて金利は低下する。一方、途上国では株式相場が値を下げる場合、その国に対する信任が下がり、株と同じように債券も値を下げる。株式相場が上がる場合も同様で、債券も値を上げる。途上国の通貨にも、同様な効果がある。そのため、マーク・ファーバーは「途上国の個別会社の株式を選んで買う投資の代替として、その国の国債に投資している」と言っている）

投資家として、自己見解を過信しすぎることによるミスを犯すことがあると思う。私の見解とは関係なく、市場は変動する。私は米国債に関して楽観的ではないが、短期的（2～3年）には非常によい投資になり得る可能性はある。わずか2・5～3・0％の利回りでも、資産価格が下落する環境では高利回りと言える。もし、今後3年間、株価が年率5~10%で下落し続けるとしたら、2・5~3・0%の利回りでも恩の字だ。

――その他の資産は?

MF:高額不動産には投機的な投資が集中し、その価格は信じられないくらい高騰している。異常に高騰した価格が大幅に下落する日がいつか来る。その日の到来に備えて、損失を避けるヘッジ(防御壁)を確保しておくべきだ。

――資産25%を金で保有するのは、なぜでしょう?

MF:(金の価格が下落し始めた)2011年以前に「資産の25%を金で持っている」と聴衆の前で発言したら、「金の価格上昇を見込んでいるなら、金の保有率をもっと増やしたらどうか?」と聞かれたのが興味深い。その時私は、「間違いかもしれないが、金の価格はすでに急上昇したので、下落修正が将来起こりそうだから、分散投資しておきたい」と言った。

金はヘッジ的意味合いが強いが、金塊を所有していたら価格下落の可能性もあるので、完璧なヘッジとは言えない。しかし、非流動的な固定資産と比較すれば、まだマシだ。米国債も政府が倒産しない限り、他の資産価格が下落する環境では、最低2~3年は安全な投資と言える。

――最後に、自分の子孫にお金は残せず、ポートフォリオか投資原則だけしか残せないとしたら、何を言い残しますか？

ＭＦ：一番重要なことは「何を買うかではなく、いくらで買うか」だ。高値の買い物にはくれぐれも注意が必要だ。値段が下がれば、誰でも失望する。周囲の皆がガッカリしている時にも、自分は冷静に現金を保有する。周囲の皆が現金を保有している時には、現金を保有しない方がいい。皆が競り買いして、価格をどんどん釣り上げるからだ。さらに、5分後に何が起こるかも予想できないのだから、1年後、10年後に何が起こるかは全く想像できない。

いろいろな想定は的中することも外れることもあるが、正確に予言できる人は誰もいない。だからこそ、投資家には分散投資が非常に重要となる。自分で商売をする人は、分散投資ができないかもしれない。もし、私がビル・ゲイツだとしたら、全財産をマイクロソフトに投資するだろう。

大半の人にとっては、自分のビジネスと自分が精通している業種・分野に投資するのがベストだ。そうでなければ、ポートフォリオ・マネジャーを雇うことだ。本当に運がよければ、資産を失わずに済むだろう。

11

チャールズ・シュワブ

「チャックと話そう」大衆ブローカー

チャールズ・シュワブ社創業者兼会長

格安手数料で有名な証券会社チャールズ・シュワブ創業者。識字障害など多くの障害を乗り越え、金融界で成功を収め、個人資産は64億ドルに上る。財団を設立し、教育・貧困防止・福祉・医療の分野で社会に大きく貢献している。

CHARLES SCHWAB

テレビで、投資について質問する人々の背景に「チャックと話そう」という吹き出しが飛び出すコマーシャル漫画を見たことがあるだろう（訳註　チャックはチャールズ・シュワブの愛称）。この気取らない、人なつっこいスタイルが、チャールズ・シュワブが過去40年間、ディスカウント・ブローカー（訳註　投資情報の提供や助言を行なわないことで株式売買の手数料を下げている証券会社）業界の頂点に留まり続けた理由だ。その保有運用資産は2兆3800億ドルにも上り、巨大な経済帝国を築き上げる助けとなった。

証券口座数は930万、法人退職金積立口座は140万、銀行口座は95万6000口座に上り、「登録投資助言者」（顧客との間で投資助言契約を結び、顧客である投資家から手数料をもらう）は7000人のネットワークを誇る。

シュワブ社が創業される前には、個人が株を買いたければ、法外な料金を課す伝統的ブローカーを通さなければならなかった。しかし、1975年に米国証券取引委員会（SEC）が業界の規制緩和を断行した時、チャックは最初のディスカウント・ブローカー会社を立ち上げて新商法を開拓し、ウォール街の中核を大きく揺さぶった。高額料金を課す仲介人を通さず、個人投資家が直接、株を売買できる投資革命を牽引したのだ。

メリルリンチが取引手数料を上げたのに対し、シュワブ社は料金を下げたり、廃止したりして、簡素化したサービスを格安で提供し、顧客利益を最優先する新企業モデルを確立した。Eトレードにも進出して、投資家が自分で決断するのを助ける技術革新と教育に全力を傾けてきた。

チャック・シュワブは76歳の今でも、実に謙虚で誠実だ。「顧客の信用を得る努力を続けてきたし、投資家の資産を慎重に取り扱ってきたので、信頼してくれる人が多い」という。

チャックの謙虚さと静かな自信は、識字障害をはじめとする数々の障害を乗り越えてきたからかもしれない。この障害を乗り越えて、名門スタンフォード大学で学士号とMBAを取得した。1963年に投資ニューズレターを発行する会社に就職、金融界に入った。

チャックは「ウォール街部外者」の立場を守り、1973年にカリフォルニア州サンフランシスコで証券会社を創業した。以来40年間、チャールズ・シュワブ社は、多くの投資会社が倒産した1987年、2001年、2008年の市場暴落も無事に乗り切り、どんな経済下でも革新的な方法を見つけ、成長し続けた。

チャックは、2008年に社長の地位からは退いたものの、会長として、また最大株主として社内で活発に活動し続けた。

『フォーブス』誌の予測では、**チャックの個人資産は64億ドルに上る。**プライベート財団の運営に、妻や娘と共に積極的に関わり、教育や貧困防止、福祉、医療の分野で社会に大きく貢献している。またサンフランシスコ現代美術館会長も務めている。

以下は、本書の出版直前に行なったインタビューの要約だ。

(以下、CS＝チャールズ・シュワブ)


——誰でも**チャールズ・シュワブ**の名前と会社は知っていますが、生い立ちについて知る人は少ないので、人生のハイライトをいくつか教えてください。「13歳で投資に興味を持った」と聞きましたが。

CS：その通りだ。13歳の時は、第二次世界大戦直後で世界全体が貧しかった。父はカリフォルニアの小さな町で弁護士をしており、決して裕福ではなかった。もっとお金があれば、もっといい人生を送れると思い、金儲けの方法を模索した。父に相談したら、偉人の伝記を読むように勧められた。私が読んだ偉人の多くが投資に関わっていたので、「投資が自分に向いてる！」と言った。
そして、13歳で養鶏会社を起業し、鶏を育てた。その後もいろいろなビジネスに手を出し、必要な知識を身につけ、ビジネスの機能と運営について考え始めた。

――最初の目標は何でしたか？　そして、それを実現する現実的ステップは？　読者が経過を理解できるように、ハイライトをいくつか教えてください。

CS：最初は運に恵まれた。まず経済分析の仕事に就き、経済の上がり下がりを経験した。35歳で起業するまでにかなりの経験を積んできたため、金融業界の欠陥を知っていた。まず、顧客をないがしろにすることだ。ブローカーが自己利益ばかり優先して、投資家の儲けは二の次だった。常に自社利益、ブローカー利益が最優先だった。そこで私は、「違う方法をつくってみせる」と言った。

――**シュワブ社が長年、競合他社を大きく引き離してこられた**のは、なぜでしょう。約32兆ドル規模の北米投資市場で、シュワブ社の占有率は注目に値します。

CS：個人向け市場では、確か5～10％のシェアだと思う。起業した時から、私は自社で販売する**全商品・全サービスを「顧客の視点」から見たかった**。ノーロード（販売手数料ゼロ）のファンドをデザインして、販売することを昔から行なってきた。「それで金が儲かるのか？」と聞く人がいるが、他社とは違うやり方を見つけた。

取り扱うファンドの運用会社から料金を徴収することにしたのだ。これは顧客の利益につながり、大人気を博した。手数料ゼロでいろいろなファンドを購入できるから、個人投資家にとっては大きなメリットがある。何をするにも、まず顧客利益優先の視点から分析して変革してきた。

ところが、**ウォール街は全く正反対だった。**彼らの判断は常に「自社の儲けはいくらか？（儲けが大きければ）実行に移そう」だった。シュワブ社はその正反対だ。

――今でも同じでしょうか。それとも変わりましたか。

CS：今でも同じだ。だからこそ、我々にとっては商機がある。顧客を王様として扱うシュワブ社には、将来無限の可能性が広がる。個人投資家の利益を何より優先する。営利企業である以上、利益を出さねばならないが、顧客利益をまず優先する。

――個人投資家が投資で損しないように、知っておくべき投資業界の神話を2、3教えてください。

CS：それは簡単だ。ウォール街で何度も繰り返されるのを実際に見た。裕福そうに見えるブローカーが寄ってきて「うまい金儲けの話があるが、どうですか？　今まで見たこともないベスト・テクノロジーで、アップル社の再来です！」と口八丁手八丁で誘うと、個人投資家はセールストークについ乗せられて、投資してしまう。この投資で儲かる確率は1万分の1以下で、競馬場に行くか、宝くじを買うのと同じだ。これでは単に一攫千金《いっかくせんきん》の夢を追い求めるだけだ。代わりにインデックスファンドに投資すれば、それなりの儲けが必ず出るから、金儲けできる確率はこっちの方が高い。

――投資について何も知らない上に、何も質問しないから、大損をする人が多いわけですね。チャック、あなたは「もっと質問しなさい」と言い出した最初の1人ですね。

CS：その通りだ。

――何を質問したらいいかもわからない人がほとんどです。ファンドに書かれた利回りを見て、「これが投資家が受け取る利回り」と考えがちですが、実際は違う。

CS：絶対に違う。過去の実績は、決して将来の利回りを約束するものではない。しかし、シュワブ社がインデックスファンド白書（訳註　インデックス白書はインデックスに追随するように設計されたインデックスファンドの成績がどのようなものであったかを分析・説明した資料）をパンフレットに載せるのには、理由がある。それは、株式市場が長期投資に最適な理由を説明するためであり、企業は成長を第一目標とするということを伝えたいからだ。

今までフォーチュン500企業の6～7社で取締役を務めたが、取締役会で必ず論じられるのが、今後の成長だ。どうやって企業を成長させるか？　成長させられない経営陣は即クビにして、新しい経営陣を雇う。

隣の美しいビルは100年経っても同じサイズか、取り壊されているかもしれない。建物は成長しないが、企業は成長する。だから成長を求める株式市場は、投資家には最適の投資先だ。シュワブ社は、もちろんインデックスファンドの購入を勧める。広範囲にわたる業種、企業に投資できる上に……。

――コストが最も低い。

CS：低コストで、市場インデックスと同様の利回りを出す確率が高い。過去100年間の実績を見ても、多くの業種で長期間にわたって高利回りを出し続けてきた。

――バンガードのジャック・ボーグルやエール大学財団のデイビッド・スウェンセンも、パッシブ運用ファンドを強く推奨しています。10年間では、全ファンドの実に96％が、インデックスファンドの利回りを下回るからです。平均的投資家には、アクティブ運用とパッシブ運用のどちらが向いていると思いますか？

CS：私自身は両方に投資している。自分で銘柄を選んだ株も多く所有している。私は専門教育を受け、知識も時間もある。ところが、投資家の98％は日常生活に時間をとられ、投資に時間を費やす余裕などない。職業人は自分の仕事に十分な時間をかけて、社会に貢献してほしい。投資に精通しているのは、人口のわずか2％に過ぎず、残りはアドバイスや助けが必要だ。

私は早くにこの事実に気づき、ビジネスに発展させた。**「人口の98％は、主にインデックスファンドに投資すべきだ」**というのが私の見解だ。**インデックスファンドの実績は、一番予想しやすい。**株式銘柄を自分で選ぶのは難しいし、時間もかかるから、時間に追われる人には向かない。

――ジャック・ボーグルが指摘したように、実際にかかるコストを知らない人が多すぎますね。コストが1％上がるだけで、生涯投資総額の20％近くを失う計算になる。

CS：その通りだ。

――コストが2％上がれば40％、3％上がれば60％も失う羽目になる。

CS：これは大金だ。税引き後額では、もっと差が大きくなる。

――今までインタビューした投資家は皆、**「投資家が下す最も重要な投資の決断は、資産配分」**と強調しました。シュワブ社は多種多様な投資家を抱えています。投資家がベストな資産配分を見つけるのを手助けするために、社員に教えている「投資哲学」がありますか？

CS：40年前は難しかったが、今は投資が非常に楽になった。今はインデックスファンドもあれば、ETF（上場投資信託）もある。市場の異なる分野を切り分けており、分散投資できる。エネルギー株がよければ、エネルギーETFを買えばいい。医療機器がよければ、それも買える。

もちろん、私は最大企業10社と最大10業種を含めた分散投資を勧める。これも一般的なインデックスファンドを買えば実現できる。将来、何が起こるかは誰にもわからないから、念のため全部所有するのだ。電子機器メーカー株が上昇して石油株が下がる年もあれば、その逆が起きる年もある。どのセクターが上がっても下がっても、広範に分散投資していれば、うまくバランスが取れる確率が高い。

——資産配分の観点から、国内投資と外国投資についてどう考えますか。

CS：国際分散投資については、誰でもポートフォリオ配分に含めるべき視点だ。米国の成長率が年2～3％の現在、必ず一部分を外国に投資しておくべきだ。中国、インドネシア、日本をはじめ、もっと成長率が高い国が多い。高成長の国に投資すれば、より高い利回りが得られるので大きな魅力がある。

――**今後10年間の国際情勢の行方**をどう考えますか。投資家にとっての好機と障害は何でしょう。

CS：現在の景気回復は遅いが、将来大きなチャンスがまだあると思う。政府が適切な政策を取れば、回復が一気に加速すると思う。米国経済が成長しないことは、あり得ないからだ。米国内で起こる革新的動向は、実に底が深い。今サンフランシスコに住んでいるが、周囲を見回すと、驚異的な成長と革新が続いている。

――連邦準備制度理事会（FRB）が超低金利を維持している現在、市場はバブルになっていますか。大きな報酬を得るためにリスクを負っても投資するとしたら、どこに投資するでしょう。株式市場が唯一の投資先に見える現状は、どのくらい続くでしょうか。

CS：私はFRBの現在の政策には賛同しない。こんなに長い間、金利を低く抑えるのは、正しい政策とは言えない。そして、どこかでバブルが生まれる可能性と危険が高まるからだ。この状況が永遠に続くはずはなく、必ず代償を払う時がやって来る。インフレが起きるか、株式市場の下落が起きるかするだろう。
現政策のツケはいつか必ず回ってくるが、なんとか切り抜けられると思う。政府が悪い決断を下した後は、米国経済がいつも立ち直ってきた。

――表現は異なるかもしれませんが、偉大な投資家の長所は「最小のリスクで最大の報酬を得られる」ことです。どうすれば、平均的投資家にもそれが可能でしょう。何かアドバイスはありますか。

CS：最終的には、この答えに集約される。**最大の成長はどこに期待できるか？　長期的に高利回りを享受するには、「成長の基本要因」を理解することが非常に重要だ。**ウォーレン・バフェットは、これを若くして学んだ。株を一度買ったら、絶対売らないことだ。企業がどんどん成長するにつれて、彼はどんどん金持ちになった。

――それに、ウォーレンは税金を払わない。

CS：株を売らなければ、資産売却益税を払わなくていい。

――それはすごい。

CS：「株を決して売らない」のが彼の秘密だ。

――ところで、子供が5人と聞きましたが。

CS：そして孫が12人だ。

――孫が12人！　もしお金を子孫に残せずに、投資原則かポートフォリオ配分しか残せないとしたら、何を言い残しますか。

CS：まず、「自力で金を稼ぐこと」を教えることから始める。次は一定額を貯蓄することだ。

・適切な教育を受ける。希望を言えば、将来、求人が増えそうな業種に関係する専攻を選ぶ。

・高給の仕事に就く（最近、この数は減少している）。

・401（k）プランか個人の年金プランを使って貯蓄していく。新車購入や休暇旅行はやめて、その分を貯蓄に回す。

・ここまで来れば、適切な投資を始められる。極めて簡単な方式だ。こんなに簡単だということを知らない人も多いから、トニー、君が教えたら？

――（笑）やれると思います。

CS：子孫に少額を残すのはいいと思う。巨額ではなく、子供の学資をまかなう程度でいい。子供が自力で暮らして、自分の目標に向かって自立するのを妨げるほど多くてはまずい。また、何事にも興味を持つことが大事だ。何にでも興味を示すような子供に育てる。必ずしも金儲けが全てではない。

お金も資産もない境遇で育ったからこそ、私にはこうした違いがわかる。もちろん、過去20年間は、金銭的成功とそれに付随する多くの選択肢を楽しんできた。休暇に出かける時には、コストを全く心配せずに済み、エンジョイするだけだ。スポーツやゴルフをはじめ、好きなものがたくさんある。この成功を長続きさせたい。次の世代もこの成功を楽しんでほしいし、もっと成功してほしい。

――今まで、成功した人に数多く出会ったことでしょう。成功する企業や、その成長の原動力となる経営者たちのことを研究してきたと思いますが、成功するために最も重要な要素は何でしょう。

CS：おそらく99%は「必要」に迫られることだ。世の中には、お金を必要とする人が山ほどいる。教育を受けられない。やる気がない。自分には成功するチャンスがないと思ってしまう。目の前のチャンスを、どうやって見つけるか？　周囲の成功した人を見て、「自分だってできる」と考える。どうすればこう考えられるかは、私にはわからない。

――今76歳ですが、「40代まで識字障害だと知らなかった」と聞きましたが……。

CS：その通り。

――「識字障害は人生を制限する」と考える人が多いですが、制約と感じなかったのはなぜですか。

CS：きっと、子供の頃、それを知らなかったからだ。私の息子が小学校に入った頃、テストを受けさせ、識字障害と判明した。

この時、「自分が7歳の頃に体験したのと同じ障害だ」と思った。それで自分も識字障害があったことを悟り、自分が小学校時代に辛い経験をした理由が初めてわかった。アルファベットの習得は、ほぼ不可能に近かった。読書は今でも苦痛で、小説は読まず、ノンフィクションしか読まない。

——それはすごい。では金融界で成功できたのは、なぜでしょう。

CS：数学は得意だったし、人と話すのもうまかった。文章を書くのは得意ではなかったが、周囲に優秀なライターがたくさんいた。だからすぐ、「自分1人では何もできない」と悟った。周囲に優秀な人を集め、共通のゴールに向かって前進する協力体制を築いていく。これが成功の秘訣だ。

——では、何に情熱を持っていますか。

CS：誰もが自分の老後資金を貯める責任を認識し、十分なお金を稼いで、十分に貯蓄して成長させることに情熱を持つ。以前より誰もが長生きするようになった。私は今70代だが、90歳、95歳まで長生きする確率は高い。老後生活がそれだけ長くなるわけだ。だから、老後を快適に送るためには、お金をたくさん貯める必要がある。

——20年前を知る人に聞いたところ「チャックは20年前とあまり変わらないか、もっと情熱的になった」と言っていましたが。

CS：もっと情熱的になった（笑）。

――それはすごい！　どうやって情熱を維持してきたのでしょう。

CS：たとえば、寄付で何ができるか、どうやって人を助けられるかを実際に見てきた。自分が経済的に成功していなければ、寄付をする余裕などなかったはずだ。経済力があれば、もっと効率よく援助できる。識字障害のある子供を助けたいなら、専門のチャータースクールを建設する。美術館なら、来館者が芸術をゆっくり楽しめるように広い新館を建設する。

経済的な成功を収めた見返りとして、社会に大きく貢献でき、大きな満足感が得られる。多くの人の役に立てれば、満足感は何倍にも増幅される。

――まだ駆け出しの起業家に与えるアドバイスはありますか。「顧客利益を優先する人を助けたい」と言った若い頃の自分から、億万ドル単位の企業の会長である現在まで、どうやって到達したのでしょう。この過程で特に注目すべきことは何でしょうか。

CS：まず、適切な教育を受けて、現実的な経験を積むことだ。それから、毎日努力し続ける忍耐力を持つことだ。これは決して容易なことではない。毎回すばらしい食事を提供するレストランと同じで、決して簡単ではない。野球で言えば、三振せず、毎回安打を狙うようなものだ。テクノロジーでも同じだ。革新を続けられずに、倒産した会社を数多く見てきた。顧客の望む商品やサービスを提供できないと顧客を失う。顧客は絶対に失ってはいけない。

――最後の質問です。死後は、どう評価されたいですか。ご自分が生涯をかけて築き上げてきた後世に残す遺産は何でしょう。

CS：職業人としては、**ウォール街の商法に大変革をもたらしたことが最大の誇りだ。**

200年以上続いてきた金融界に、西海岸の小さな会社が挑戦して、顧客利益を優先する文化に転換させたからだ。もちろん、この点ではシュワブ社の方が優秀だ（笑）。ウォール街は、以前よりずっと顧客利益を配慮するように変わった。

――チャック、あなたが先陣を切ったからです。

CS：ありがとう。

――こちらこそ、時間を割いていただき、ありがとうございました。

12

ジョン・テンプルトン卿

20世紀最強の投資家

SIR JOHN TEMPLETON

テンプルトン・ミューチュアル・ファンド創始者
慈善家、テンプルトン賞創設者

世界中を旅し、割安な優良株を見つけて投資し、成功を収めた著名な投資家。「他人が絶望して売りに出した時に買い、他人が最高の好景気だと買いに走る時に売る」という徹底した逆張りで、巨額の利益を生み出した。1972年にテンプルトン賞を設立し、以降、マザー・テレサなど社会貢献した人物を表彰してきた。2008年7月に永眠。

ジョン・テンプルトン卿は偉大な投資家であるだけでなく、偉人の1人だ。幸運にも、私の恩師の1人でもある。「何も知らないからこそ、熱心に学ぶ」という信条に基づいて、賢く投資し、因習を打破しながら、一生を通して真理を探求し続けた。

ジョンは、世界で最も困難な状況に遭遇しても、それを逆手に取って社会の役に立てる能力を持つことで知られる。

ジョン・テンプルトンは生まれた時から「卿」の称号を持っていたわけではない。テネシー州の小さな町で貧しい家庭に生まれ、質実剛健、自立心、自制心といった価値観を教えられて育った。働きながらエール大学とオックスフォード大学で学び、まだ世界大恐慌による不景気に苦しむ1937年にウォール街の企業に就職した。

ジョンは、「悲観主義のピーク時に株を買う」という信条を持つ最初の逆張り投資家だった。

「この世の終わりが来た」と皆が考える時こそ、ジョンは「絶好の買い時」と考えた。そして、皆が「史上最高の好景気」と喜ぶ時、ジョンは「売る潮時」と考えた。

１９３９年秋に、ジョンはこの自身の理論を初めて実行に移した。世界大恐慌の影響による経済の沈滞が続く中、ヒトラー率いるドイツ軍がポーランドに侵攻し、第二次世界大戦が勃発した時、今まで貯めてきた自己資金に加え借金をして、ニューヨーク市場で価格が1ドル以下に下落した株を全て、１００ドル分ずつ買ったのだ。

このポートフォリオが、その後の巨額の個人資産と資産運用の巨大帝国の礎《いしずえ》となった。また、ジョンは国際投資の先駆者でもある。米国の投資家が米国市場しか見ていなかった時期に、ジョンは世界中で好機を探した。


個人資産が増えるにつれ、ジョンは社会貢献の努力を強めた。**１９７２年には、世界最大の財源（ノーベル賞よりも資産が大きい）を誇るテンプルトン賞を設立した。宗教間の対話、交流に貢献した思想家、運動家が毎年、表彰される。**

ちなみに最初の受賞者はマザー・テレサだ。

彼の財団は科学、テクノロジーの研究にも大きく貢献した。１９８７年には、彼の人類への偉大な貢献を称えて、エリザベス女王から「サー（卿）」の称号を授けられた。

２００８年に95歳で亡くなる直前まで、ジョンは起業家精神、誠実、宗教の重要性を説いて、多くの人を啓蒙し続けた（話が逸れるが、この年に起こった住宅バブルの崩壊も正確に予測していた）。

以下は、ジョンが亡くなる数カ月前に行なったインタビューの要約である。その回答からは、誠実さがにじみ出ている。ジョンの投資哲学を学べば、偉大な投資家のみならず、偉大な人間にもなれるだろう。

（以下、ＪＴ＝ジョン・テンプルトン）

――ジョン、通常は「お金に興味を持つ人」か「宗教に興味を持つ人」に二極分化する傾向があるのに、あなたはこの２つを自然に融合させてきました。常人でも、この２つを融合させることはできるでしょうか。

ＪＴ：もちろん可能だ！　この２つに差はない。信用できないビジネスマンと取引したいか？　答えはノーだ。

「信用できない」という評判が立ったら、顧客は逃げていき、ビジネスは倒産する。逆に、高い倫理観と宗教観を持つビジネスマンは、自分の部下と顧客の利益を最優先するから、人気が高まり、もっと儲かってビジネスが成長する。もっと社会に貢献して、友人も増やし、周囲からもっと尊敬される。

だから、常に周囲に期待される以上の結果を出し、人を公平に扱うのが成功の秘訣だ。人の弱みに付け込んだり、人の前進を妨げたりするようなことは絶対にやってはいけない。**人を助ければ助けるほど、自分がもっと豊かになる。**

――最初の投資は何でしたか？　何に惹《ひ》かれ、結果はどうだったのでしょう。

JT：第二次世界大戦が勃発した1939年9月には、私はまだ駆け出しだった。世界大恐慌もやっと終焉に近づき、倒産した企業は数知れなかった。しかし戦争が始まると、需要全体が増えて、経済は繁栄するのが常だ。そこで株ブローカーに「株式市場で価格が1ドル以下に下落した株を全部100ドル分ずつ買う」ように指示を出した。購入した104社のうち、損失が出たのはわずか4社で、残りの100社の株では利益が出た。

このおかげで、その3年後に投資顧問が退職する小企業が売りに出た時、十分な購入資金が手元にあった。ニューヨーク市内にオフィスを構え、顧客ゼロからスタートして25年間、留まった。

この間、収入の50%を、老後と寄付のために、ずっと貯め続けた。

――それはすごい！　所得の50%を貯蓄し続けたら、資産は巨額に成長したはずです。大半の人は、「所得の50%を貯蓄、投資するなんて不可能！」と言うでしょう。無一文から始めて、所得の50％を貯蓄し続けたのはすごい！

「1940年にジョンと同じように10万ドルを投資した人がいたとして、その後1セントも足さずに1999年までそのまま保有していたら、5500万ドルに成長したはず！」 という想定をどこかで読んだことがあります。この数字は正しいですか？

JT：配当金を再投資していれば、そのくらいの額になったはずだ。

――投資哲学について聞かせてください。過去に「悲観主義のピーク時に株を買うだけでなく、楽観主義のピーク時に株を売る」と発言していますが、これは正しいでしょうか？

JT：トニー、それは今でも正しい投資哲学だ。

「上昇相場は悲観主義から始まり、懐疑主義が強まるにつれて、さらに勢いを増す。楽観主義に移行する頃には成熟期を迎え、市場が陶酔感に浸る時に終焉を迎える」

このサイクルがどの上昇相場でも必ず起こるから、自分の立ち位置を決めるガイドとなる。投資家心理を十分に調査すれば、市場がまだ安全レベルか、危険レベルに突入したかを判断できる。

――投資家が犯す最大のミスは何だと思いますか。

JT：大半の人が十分な資産を築けないのは、毎月の給与から十分な額を貯蓄に回すだけの自制心を欠くからだ。ある程度の貯蓄ができた時点で、株を安値で買って儲けられるよう、賢く投資しなければならないが、これは容易ではない。仕事の片手間に投資するのでは、正しい投資商品を選ぶのが非常に難しい。**医者や弁護士の仕事が素人にできないのと同じで、素人が自力で投資しようとするのは、賢い選択とは言えない。**優秀な投資プロを見つけて任せる方がいい。

――バハマであなたの会社の人に「ジョンは何に投資するか?」と聞くと、「何でも！もし金儲けできると思ったら、木でも買う」という答えが返ってきました。その後「どれだけ長く保有するか?」と聞くと、「基本的に価値が上がるまでは、いつまでも持つ！」と言っていました。

ジョン、投資したものを売るまで、どのくらい長く保有するか、どうやって判断するのでしょうか。どうしたら、「間違いを犯した」とか、「株が売り時」とわかりますか。

JT：これは最も重要な質問だ。「買い時はわかるが、売り時はどうすればわかるのか」

という人が多い。今まで54年間、投資家を助けてきたから、私にはその答えがわかる。50％割安の違う資産を見つけた時に限って、売るのだ。バーゲン株を常に探し続け、その自己保有株と常に比較する。新しい株より50％割高の保有株があれば、それを売って新しい株を買う。これがいつも成功するとは限らないが。

――米国人が国際株への投資を肯定的に考えるべきなのは、なぜでしょう。

ＪＴ：ベストなお買い得銘柄を探す時、米国だけに限定しない方が見つかるチャンスが高くなる。最も重要なのは、下落相場に直面しない国はないので、多様な国に投資をしていればリスクを軽減できる点だ。**12年に2回の割合で、下落相場が主要国を襲うのが普通だが、全ての国で同時に起こるわけではない。**多くの国に分散投資すれば、１カ国にのみ集中投資するより損失が少なくて済む。自社の顧客には、分散投資を常にアドバイスしてきた。より安全に、より高利回りを実現するために、株の銘柄だけでなく、業種や国も分散して投資するように勧めてきた。

――ジョン、あなたと他の投資家とを分けるものは何でしょう。「史上最強の投資家」の１人になれたのは、なぜですか。

ＪＴ：そうは思わないが、ありがとう。いつも正しかったわけではないし、常に正しい人は誰もいない。しかし、競合他社に負けないように、少しでも改善しよう、もっと利回りを高めようと常に新手法を模索し続けた。もし秘密があるとしたら、**「何かを得ようと貪欲になるのではなく、社会貢献に貪欲になれ！」**だ。

――現在、社会には不安や恐怖感が溢れていますが、この恐怖とどう向き合えばいいと考えますか。

JT：恐怖を克服するためには、大きな感謝の念を持つのが一番効果的だ。毎朝起きたら、自分が本当に感謝することを5つ考える。そうすれば、恐怖に挫《くじ》けることなく、もっと楽観的な見方ができる。感謝の気持ちを持って1日を過ごせば、何ごともうまくいき、人からも好かれやすい。**だから、感謝の念を持って毎日を生きれば、恐怖に打ち勝つことができる。**

――最後に、後世にはご自分をどのように記憶してほしいですか。自分の目を通した自画像を教えてください。ジョン・テンプルトン卿とは何者か？

JT：常に新しいことを学ぼうとする学生だ。誰でも罪深いのは同じだが、昨日より今日を、今日より明日をよりよい日にしようと努力してきた。常に自問するのは、「神の目的は何か？　神が宇宙を創造したのはなぜか？　神は、自分の子である人類に何を期待しているか？」だ。

簡潔な答えは**「神は人類に精神的成長を求める」**だ。神が人間に試練や苦難を与えるのは、学校のテストと同じだ。人間の魂をさらに成長させる糧《かて》となり得るからだ。人生は障害だらけの、すばらしくエキサイティングな冒険だ。この地球に生きる限り、ベストを尽くして生きていくべきだ。

2

「投資のチャンス」は到るところに

——最新テクノロジーが描く「未来」

MONEY
MASTER
THE GAME

人生を豊かにする「可能性」に注目する

「最良の時はこれから来ると信じることに、生きる意義がある」ピーター・ユスティノフ（俳優）

多くの人が富を追い求めるのは、なぜか？　それは人生の質を高めたいからだ。「将来が明るい」と信じられれば、たとえ今どんな苦難に遭遇していても、必ずそれを乗り越えられる。

行動に駆り立ててくれる未来を誰もが求めている。

お金をテーマにした本書でテクノロジーの進歩と未来を論じるのは、**テクノロジーが人生を豊かにする可能性を持つ「隠れた資産」**だからだ。日進月歩のテクノロジーは、世界中の人の生活の質を革新的に高める可能性を持つ。テクノロジーの可能性は幾何学的に拡大しているのに、そのコストは下がり続け、お金の面でも大きな恩恵がもたらされている。

これはつまり、貯蓄を始めるのが遅かった人でも、少ない資産でより質の高い人生を送ることができる可能性を高めてくれるということだ。

テクノロジーの進化する方向を学べば、「人生最大の投資チャンス」を見つけることができる。猛スピードで刷新されるテクノロジーを学ぶのは、今しかない。

本書を読むことで、経済状況を改善するだけでなく、健康面でも自分と家族の暮らしの質を向上させてほしい。いくらお金があっても、健康でなければ人生を楽しめない。革新的テクノロジーの恩恵を受けられるまで、健康で長生きしてほしい。

◈人類の歴史は「技術革新」と共にある

ここで、最先端のテクノロジーを一緒に探索しよう。

先に言っておくが、本章は非常に楽観的な視点で書かれている。それは偉大な科学者の偉大な発見や貢献のおかげで、「人類の未来は非常に明るい」と断言できるからだ。彼らは単なる予測・予言をしているわけではなく、「現実のもの」にしている。

ヒトゲノムの構造は解明され、音声認識システムが開発され、一般企業がスペースシャトル開発事業に参入し、一般人でも国際宇宙ステーションと行き来できる時代が、ついそこまで来ている。

私と違って、テクノロジーの進歩を懐疑的に見る人が多いのも事実だ。遺伝子組み換えによって自然界にはないフランケンシュタインのような食べ物が開発されたり、殺人ロボットが溢れるディストピア（地獄郷）が現出したりと、暗い未来像を描く人もいる。

逆に、空飛ぶ車やスター・ウォーズのC－3POのような人間を助けるアンドロイドを楽しみにしている人もいれば、1つの細胞を増殖させて生産する肉や野菜が世界の飢餓を解決する、と明るい未来像を描く人もいる。

テクノロジーが進歩する猛烈なスピードに危機感を持つのは理解できるが、私は生活の質を高めるポジティブな面にだけ注目する。

テクノロジーの進歩に、必ずネガティブな面がついてまわるのは事実だ。テクノロジーが進歩するにつれて、今まで人がしていた仕事を機械がするようになり、その影響によって必ず失業者が出る。

16世紀の英国では、エリザベス1世が「国民から職を奪う」という理由で、自動編み機の特許申請を却下した。この逸話を『ニューヨーク・タイムズ』紙で紹介したスティーブン・ラトナーは「旧来の職種を保護するのではなく、新しい職種を創出できるかどうかがカギだ。車輪の発明以来、こうしたことは何度も繰り返された」と述べている。ほとんどの場合、新しい道具は人間の暮らしをより楽にするために使われた。今日、人類が直面する数々の問題（例：大気中への二酸化炭素放出、真水・農地の不足）を、新技術が短期間で解決に導きつつある。

人類の歴史を通して、新しい道具や技術を武器に使おうとする人たちもいたが、それは少数派だった。電気は明かりを灯すためにも、処刑用電気椅子にも使えるが、道を照らす街灯の方が圧倒的に多い。ボーイング機は乗客を運ぶためにも、爆弾投下のためにも使えるが、乗客を運ぶ航空機の方が圧倒的に多い。

未知のものを恐れ、最悪のケースばかりを想定するのは人の習性だ。生存を第一に考えてきたからこそ、人類は生き延びてきた。

また、SF小説で「人工知脳（AI）は恐れるべきもの」として描写されることで、人間の旺盛な想像力ともあいまって、AIに対する恐怖感が植え付けられてきた。現実の未来学者は、科学の進歩を「人類をさらに進化させるチャンス」と考える。

新技術が人類をどう変貌させるかを知りたければ、今、そして未来にどんな技術が可能になるかを知ることが大事だ。未来を恐れるか、未来に期待するかは選べるが、**未来はもう到来している。**

まるでSF映画のような実話

「未来を予想する一番いい方法は、自分の手で未来をつくり出すことだ」アラン・ケイ（コンピュータ科学者）

米国では10分に1人の割合で、重症やけど患者が出る。やけどは人体が感じる最悪の苦痛の1つだ。医師や看護師は火ぶくれができた皮膚や焼け焦げた皮膚を削ぎ落とし、死体から採取した皮膚でやけどした箇所を覆い、死に至る感染を防ごうとする。たとえ患者が生き延びても、醜いやけど跡が残り、顔、腕、脚は、やけど前とは全く違って見える。手術を何回も受け、治療に何年もかかることも多い。

州警察官マット・ウラム（40歳）はある日、たき火のそばに座っていたところ、誰かがガソリンをたき火に投げ入れたため、右腕、顔と頭の右側に大やけどを負った。このやけどで彼の人生は大きく変わった。病院で、看護師が焼け爛《ただ》れた皮膚を取り除き、患部を消毒した後、軟膏をつけた。

以前ならこの苦痛を伴うプロセスを日に2回、何カ月も続けていただろう。

しかし、特別医療チームは新技術を使った。マットの健康な皮膚細胞を他の部分から採取して幹細胞（組織や臓器に分化するもととなる細胞。再生医療で用いられる）を培養し、やけど箇所に直接スプレーでかけたのだ。するとわずか3日後には、右腕と顔は以前と変わらないほどに完治した。やけどの跡もほとんど残らなかった。

SF映画のように聞こえるかもしれないが、これは数年前にピッツバーグで実際にあったことだ。この驚異的な治療法は、米国ではまだ試験段階だが、ヨーロッパやオーストラリアでは、この幹細胞を使ったやけど治療が一般的に行なわれている。

骨や軟骨から健康な細胞を採取できるように、外科医が使う「バイオ・ペン」と呼ばれる器具がすでに開発されている。採取した細胞から培養した幹細胞は、必要に応じて神経、筋肉、骨に成長させ、患部の治療に使われる。幹細胞は患部のどこにでも移植できるのだ。この技術のコストは下がり続けており、誰にでも使えるようになる日は近い。

■「古代エジプト王が想像もできないほど」の豊かさ

現在、世界中で毎日、奇跡が起こっている。技術革新のスピードが速すぎて、うかうか

していると変化に気づかないことすらある。

１９８０年代（わずか35年前）の人に２０１５年の世界について説明したら、「それは魔法を使ったのか」と思われるだろう。80年代は車を運転しながら電話で話すことなど不可能だった。まして幹細胞を患部に直接スプレーするなど想像もつかなかった！

以前は「昨日、今日を見れば、明日が予測できる」と信じられてきたが、これはもう通用しない。最近まで変化は稀にしか起こらず、そのスピードも遅かった。青銅器時代、鉄器時代のように、変化は時代で論じられてきた。

現在では、変化のスピードは対数増殖的だ。つまり極めて短期間に飛躍的に前進するのだ。暮らしの質を上げるすばらしいツールが素早く開発され、誰でも簡単に入手できるようになる。

現代人は、最も裕福だった古代エジプト王が想像もできないほど多くの選択肢を持つ。

大洋を何カ月も航海する代わりに、わずか何百ドルかの料金で、空を数時間飛んで別の大陸に行くことができる。わずか2時間のエンターテインメントに2億ドルも使った映画が、毎週何本も公開され、たったの10ドルを払うだけで誰でも見られる。

人類の歴史上、前例のないすばらしい時代に私たちは生きている。過去１００年間に、平均寿命は31歳から67歳と2倍以上に伸びた。同時に、世界中の（インフレ調整後）平均個人所得は3倍に伸びた。100年前、平均的な米国人は所得の43％を食費に費やしていたが、農業と流通が大幅に進歩したおかげで、現在、食費が所得に占める割合はわずか7％だ。

1990年代初頭、クリントン大統領はEメールを知らなかった

1990年代初頭にビル・クリントン大統領と初めて対面した時に、「大統領、Eメールで連絡を取り合えるかもしれません」と私が言うと、大統領は当惑顔になった。

私が「Eメールという新しい通信手段を使い始めました。AOL（インターネット・サービス・プロバイダー）にアカウントを開設したのですが、大統領はアカウントをお持ちですか？」と聞くと、「聞いたことはある」という返事が返ってきた。当時、大統領はまだEメールのアカウントを持っていなかったのだ。

今、アマゾン川流域に住む人たちが持ち歩くスマートフォンの方が、1990年代初頭に世界のリーダーだったクリントン大統領が使っていた電子機器より、はるかに高性能だ。オンラインで家畜のえさも購入できるし、子供の授業料を払うこともできる。さまざまな

言語に翻訳することも、エール大学やMIT（マサチューセッツ工科大学）の授業を無料で受講することもできる。

過去25年間で世界は大きく変貌したが、これはまだ始まりに過ぎない。それこそ、テクノロジーは毎日進化している。航空宇宙工学者、医師、起業家でもある私の親友ピーター・ディアマンディスは、こう語る。

「未来は考えるよりずっと明るい。世界中の生活水準を大幅に向上させるテクノロジーが次々に開発される急激な変貌期に、人類は突入した」

これは、本書の勧めに従わず、老後貯蓄を怠った人であっても、低所得であっても、想像以上に豊かな暮らしが可能になることを意味する。しっかり老後に備えて貯蓄した人であれば、その可能性には限りがない。

■『楽観主義者の未来予測』が教えてくれること

「裕福さのカギは、どんな時も思考を制限しないこと」

マリアン・ウィリアムソン（啓蒙家）

人に恐怖感を与える「欠乏」の概念をテクノロジーが変える。欠乏の概念とは、「人間が必要として貴重と考えるもの（例：水、食物、お金、資源、時間、場所、喜び、愛）は、十分に存在しない」というものだ。

人が金持ちになりたいのは、なぜか？　金持ちになれば、何かが十分にないという経験をしないで済むと考えるからだ。欠乏は脳の奥底に深く刻み込まれた恐怖だ。

しかし、欠乏が永久に続くとは限らない。テクノロジーが欠乏を解決することもある。

ご存じだろうか、昔、世界一、稀少で貴重な金属はアルミニウムだった時代があった。土からアルミニウムを分離するのが、とてつもなく難しい時代があったのだ。

19世紀フランスでは、アルミニウムが究極のステイタス・シンボルだった。ナポレオン3世はタイ国王を迎える公式晩餐会の席で、通常の金製ではなく、アルミニウム製の食器具でもてなした。19世紀末には、科学者がアルミニウムを分離する安価な方法を発見し、軽くて安いアルミニウムは一気に市場に広まった。

ピーター・ディアマンディスは、「資源を手に入れる手段」と「欠乏」ついて議論をする時に、このアルミニウムの逸話を用いる。

ピーターは『楽観主義者の未来予測（上）：テクノロジーの爆発的進化が世界を豊かにする』（早川書房）という約300ページの本を執筆したが、その概要をこれから数ページで述べたい。まず、テクノロジーが欠乏を解決していくというピーターのすばらしい比喩を紹介しよう。

「大きなオレンジの木に、実が一杯なっている姿を想像してほしい。手の届く範囲の実を取り尽くすと、オレンジはもう食べられなくなる。ところが梯子《はしご》が発明されると、もっと高い枝に手が届くようになり、オレンジが食べられなくなる問題は解決される。これがテクノロジーが資源入手を可能にするメカニズムなのだ」

世界の人口が増え続ける中、手の届かないところにある資源に、より速く到達する手段が必要だ。


世界の人口の爆発的増加の実例をいくつか挙げよう。
・世界の人口が**10億人**に達したのは**1804年**で、人類誕生から**20万年**以上かかった。
・その2倍の**20億人**に達したのはそのわずか**123年後**の**1927年**だった。
・**30億人**に達したのはその**33年後**の**1960年**だった。
・**40億人**に達したのはその**14年後**の**1974年**だった。

この人口増加のペースは落ちていない。中国が国民13億人に1人っ子政策を強制し、他国も人口抑制計画を推進したにもかかわらず、1976年以降の40年間で、世界の人口はさらに**30億人以上**も増加し、**72億人**に達した。10億人に達するまで20万年もかかったのに、たった40年でその3倍に当たる30億人が増えたのである。科学者の予想では、この増加ペースが続けば、**2050年までに世界の人口は96億人に達する**。

地球はこれだけ多くの人間を養っていけるのだろうか？「資源を持続可能な消費レベルの1・5倍で消費する現在のペースが続くと、2030年までには、たとえ地球が2つあっても資源が足りなくなる」という世界自然保護基金（WWF）の予想すら出ている。ここで、人類の需要を満たす手助けとなるのが、人間の創意とテクノロジーである。

■「世界のエネルギー需要問題」を解決する切り札

私は「人類が石油を使い果たしつつある」と考えた時のことを覚えている。私がまだ高校生だった1973年に、中東で第一次オイルショックが起こった。車のナンバーによって、ガソリンを買えるのは、奇数日か偶数日かが決められた。自分が運転免許を取る前に、ガソリンが枯渇してしまうのではないかと、ずいぶん心配したものだった。

そんなある日、高校で工学の教師が、生徒に新聞記事を読み聞かせた。その記事によると、**「油の供給量はあと数年分しかなく、枯渇すれば世界経済が崩壊するだろう」**という、誰もが恐怖に慄《おのの》くような、非常に暗い見通しだった。教師は、実はこれは1850年代のオイルショックを報じた記事で、ここで言う油とは鯨油《げいゆ》であることを明かした。

19世紀には、灯油の主要源は、クジラの脂身から採取した鯨油だった。鯨油がなくては、家に明かりを灯せない。乱獲によりクジラの生息数が激減し、資源枯渇が懸念されたため、鯨油価格は急騰した。

ところが1859年には、ペンシルベニア州で原油が発見された。灯油の全く新しい供給源が見つかり、その後は灯油ランプやエンジンが発明され、鯨油の枯渇の恐れから始まったオイルショックは終焉した。

1973年のオイルショックではどうだったろうか？　テクノロジーの進歩が「石油は枯渇してしまうのではないか」という懸念を和らげてくれた。石油の探査、採掘の新しい方法が開発され、膨大な化石燃料の採掘が可能となったのだ。そして今では水平掘削法の開発により、米国はサウジアラビアより多くの石油を採掘できるようになった。

テクノロジーの進化は、経済だけでなく、地政学的パワーにも大きな影響を与える。2013年には米国は10年ぶりに、中東からの輸入量を超える石油を国内で生産した。

将来的には、風力発電、バイオ燃料、そして何といっても**太陽光発電**が石油の代替エネルギーとなるだろう。

発明家、未来学者のレイ・カーツワイルによると、毎日地球に降り注ぐ太陽光の1万分の1を活用するだけで、世界のエネルギー需要の全てをまかなうことができるという。太陽光発電の課題は、発電、貯蔵のコストをどれだけ下げられるかである。あと数年のうちに、太陽光発電のコストが石油、石炭の発電コストを下回るだろうと、レイは予測している。

独学で〝ロボット義手〟を開発した17歳の少年

「人類が必要とするのは、不可能に挑戦する人が増えることだ」セオドア・レトキ(詩人)

ここで考えてほしいのは、「新テクノロジーは一体、どこから生み出されるのか？」だ。最初に頭に浮かぶのは、シリコンバレー、NASA、国防高等研究計画局(DARPA)、有名大学、研究所などだろう。だが、インターネットの膨大なデータを活用して、個人発明家がより速く、より安く、よりよい新技術を開発することも多くなった。

ここで、イーストン・ラシャペルの逸話を紹介しよう。イーストンは10代で、自宅の寝室にいながらにして、義肢製造界を革新した。17歳の時、NASAロボティクス・プログラムにすでに参加していたが、有名大学で学んだのではなく、全てインターネット上で独学した。

イーストンはコロラド州南西部の片田舎の町で育った。若者の遊びは何もなく、草刈機などを分解したり、組み立てたりして遊んでいた。

14歳の時、イーストンはロボット・ハンドをつくることに決めた。近くに図書館も大学もなかったので、「インストラクタブルズ（Instructables）」や「ハック・イット！（Hack It!）」といったウェブサイトを使って、電子工学、プログラミング、機械学を独学で学んだ。そして、家にあった材料（レゴブロック、釣り糸、絶縁テープ、小型モーターや任天堂パワーグローブ）を使って、義手の原型を創り上げた。

16歳になる頃には、3Dプリンターを手に入れて、プラスチックで義手を作製できるようになり、デザインにも改良を加えた。この発明品を州のサイエンス・フェアに出展し、そこで「アハ！体験」をしたのだという。8万ドルもする義手をつけた7歳の少女と出会ったのだ。この少女は成長すると共に、新しい義手を2度買い替えなければならなかった。

イーストンは「そんな大金を払える人はいない」と思った。しかも、彼女の義手には、センサーもモーターも1つしか付いていなかった。一方、イーストンが作製した義手はもっと進化しており、5本の指が自由に動かせた。少女と出会った瞬間に、イーストンはこの女の子のために、シンプルで機能的で安価な義手をつくると決心した。

自宅に戻ると、イーストンは人間の手の動きをより忠実に再現できるロボット義手を開発した。さらに驚異的なのは、脳波をブルートゥース（近距離無線通信の規格）信号に変換して、考えるだけで義手をコントロールできる「EEGヘッドセット」を開発したことだ（もうSF映画の話ではなく、現実に存在する！）。

この義手は、重さが高価な義手の3分の2で強度にもすぐれ、128キログラム以上のものを持ち上げられる！　そして、この義手の製作費は、8万ドルどころか、たった250ドルだった。

17歳の夏休みにオバマ大統領に会った後、イーストンはヒューストンのジョンソン宇宙センターから招待されて、国際宇宙ステーションで使うロボット・アーム開発チームのインターン生として働いた。8月末にインターンを終える頃には、「官僚主義で進歩がスローすぎる」とうんざりして、マイペースで自分の好きなものをつくる生活に戻りたくなっていた。

自宅に戻ると、交通事故で半身不随になった高校の下級生のために、外骨格型ロボットの作製を始めた。イーストンは、この少年が卒業式に自力で歩いて出席することを目標にした。

■「インターネット×3Dテクノロジー」がつくる未来

この外骨格型ロボット・プロジェクトの話を読んだ時、私はどうしてもイーストンに会いたくなった。実は私は、コネチカット州ニュートン、コロラド州オーロラの銃乱射事件の生存者たちが想像を絶するショックから立ち直る手助けをしてきた。

その中に、6歳の娘を目の前で射殺されたアシュレー・モウザー（当時、妊娠中）がいた。娘を射殺された後、アシュレーも2発の弾丸を受けて体内にいた胎児を殺され、半身不随となった。私が出会った時、アシュレーは自殺の衝動に駆られていた。

そこで、アシュレーの家族と医師団を私の「アンリーシュ・ザ・パワー・ウィズイン」セミナーに招待して、アシュレーの精神的な傷跡を癒す環境を協力してつくり出すことに努めた。

私はアシュレーにぜひ、もう一度歩いてほしかった！　そこでイーストンと連絡を取り、彼のプロジェクトに資金提供を申し出た。そして、**世界中で多くの人の人生を根本から変える低価格の義肢・義手共同開発プロジェクトを立ち上げた。**「世界中どこに住んでいようと、どんなに貧しくても、義肢や義手が使える」のがイーストンの目標だ。

イーストンの外骨格型ロボットは非常に薄く柔軟で、衣服の下に装着しても表面には響かない（イーストンの半身不随の友人は2015年に高校を卒業したが、イーストンは「それまでに外骨格型ロボットを開発できる」と予測し、予定通り原型は作製できた。ところが、外骨格型ロボットを医療機器と見なす米国食品医薬品局〈FDA〉の承認を得るのと特許申請に予想以上に時間がかかり、友人が「自力で歩いて卒業式に出席する」という目標は、残念ながら達成できなかった）。

イーストンのもう1つの使命は、世界中の若者に、

「テクノロジーのユーザーに留まるのではなく、開発者になれる。インターネットと3Dテクノロジーにアクセスできれば、何でも好きなことができる。『成功するためには、絶対、大学に進学しなければならない』と決めつける必要はない。他にも選択肢はたくさんある」

というメッセージを広めることだ。

イーストンは間違いなく「人並み外れた天才」である。インド、タンザニア、オーストラリア、ウルグアイ、シンガポールの田舎町で、どれだけ多くの若者がこの世界をよりよくしようとコンピューターに向かっていることだろうか？

イーストンは、世界中のどこでも誰でもコピーして、さらに改良できるように、最初のロボット義手をオープン・ソースとして公開した。

今インターネットにアクセスできる人は誰でも、自分のアイディアを誰とでもシェアできるクリエイター、発信者になれるのだ。

■メイカーボット革命――「想像できること」は現実になる

堰《せき》が切られたかのように、今、大きな変革が起こりつつある。これは**「メイカーボット革命」**（訳註　メイカーボットは３Ｄプリンター製作会社）または「メイカー革命」と呼ばれ、急速に進化するテクノロジーを活用し、画期的な製品を独自に開発する発明家が爆発的に増えていくことをいう。

イーストンはその最先端を行く１人に過ぎない。３Ｄロボティクス社の社長、クリス・

アンダーソンは、これを「新産業革命」と呼ぶ。

インターネットを通じて、世界中の人たちが、ハーバード、MIT、スタンフォードなどのエリート大学生と同じ授業を受けられる。最先端の研究を手がける教授と交流することも、お互いにアイディアや技術を共有したり、今まで何百万ドルもした機器、サービスを、わずか数百ドルで提供できたりするようにする。

毎年、全米各地で「メイカー・フェア」が催され、発明家、愛好家、エンジニア、学生、教授、芸術家、起業家が一堂に集まる。2013年には世界中で100回「メイカー・フェア」が開催され、54万人以上が参加した。

2014年には、フェアの開催数は135に上り、オバマ大統領（当時）も「メイカー・フェア」をホワイトハウスで主催した。ポータブル・ハウスの内部を視察し、バナナでできたキーボードを演奏した。高さ5メートルを超えるキリン・ロボットのラッセルが出席者に挨拶した。

大統領はサンフランシスコで、元ホームレスだったマーク・ロスにも会った。マークは近くの「テックショップ」（訳注　会員制のDIY工房）で、3Dプリンターとレーザー・カッターの技術を学び、その16カ月後にレーザー・カッティングの会社を起業した。現在は、ハイテク技術を学んで再出発したい人を助けるプログラムを運営している。

また、大統領はノースカロライナ州の10代の少女2人も賞賛した。新聞配達をする代わりに、ロボティクス会社を起業したこの2人のモットーは**「想像できるものは何でも必ず実現できる」**だ。

オバマ大統領は、こう語った。

「これは米国にとってすばらしいモットーだ。大陸をつなぐ鉄道を想像し、どの町にも電気が通ることを想像した。天にそびえ立つ高層ビルを想像し、皆をつなぐインターネットを想像した。どの会社も、どの大学も、どの町も、メイカーズを支援すべきだ。そうすれば、将来にわたって、新しい職業を創出できる。今はまだ想像もできない新しい産業をつくり出せるのだ」

この「メイカー革命」はインターネットの飛躍的な拡大と、新技術の爆発的な成長によって可能となった。10年前に5億人をつないでいたインターネットは、現在20億人をつないでいる。今後6年以内にさらに30億人が新たにつながり、ウェブを使う人は50億人になるというのが専門家の予想だ。これだけ多くの人がつながることでウェブ空間に溢れる創造的エネルギーは想像もできないほどすごいに違いない！

インターネットは最初、国防機関と大学をつなぐためにつくり出された。次にIT企業が出現し、インターネットは意見交換、ソーシャル・メディア、そして人と人とをつなぐ絆へと進化していった。そして、超小型コンピュータやセンサーが、日用品にも内蔵され、お互いをつないでいる。

機械が他の機械と連携し、さらに人ともつながり、全てをつなぐ強力な世界ネットワークが出来上がった。そして、3Dプリンターは、今後インターネットが私たちの夢や想像をはるかに超える形でどのように変貌を遂げ、発展していくかを教えてくれる。

■3Dプリンター：「空想科学」から「現実の科学」へ

映画『スタートレック』に登場する宇宙船エンタープライズ号内でハンバーガーとコーヒーを分子から合成できる装置「レプリケーター」を覚えているだろうか。科学者は、今やこの装置の実現は間近と予測する。今まで3Dプリンターについて述べてきたが、実際に見るまでは、これがどんなに強力な装置かを理解するのは難しい。

今、「3Dプリンター」という名称は、デジタル製造機器の総称として使われている。これはコンピュータで青写真ファイルをつくり、一層ずつ積み重ねて3次元物質を製造していくミニ工場なのだ。

3Dプリンターは、最低でも200種類の液体原料、粉末原料（例：プラスチック、ガラス、陶器、チタン、ナイロン、チョコレート）、そして生物の細胞でさえ使用できる。だから「何がつくれるか？」と聞くより、「つくれないものは何か？」と聞く方が適切だろう。

今までに3Dプリンターによって製造されたものには、運動靴、金のブレスレット、航空機の部品、ナイフとフォーク、ビキニ水着、ギター、太陽光パネルなどがある。さらに、気管や耳、歯などもつくられてきたことを書かないわけにはいかない。

さらに、ティーンエイジャーの寝室に置けるほど小型化され、機能的な義手も製作できる。中国では、飛行機の格納庫に巨大な3Dプリンターが設置され、そこでは再利用建材とコンクリートを原料として、1日あたり10軒の家を製造できる。1軒あたりの単価はわずか5000ドルで、人件費はほとんどかからない！

さらに、NASAがアメリカ・メイクス（3Dプリンター製造会社の業界団体）と共同で、台風、津波、地震などの自然災害時用の緊急避難所の作製コンテストを世界規模で実施している。現地で入手できる材料を使って、3Dプリンターが数時間で避難所を構築できたら、どんなにすばらしいか。このテクノロジーを効果的に使えば、将来の可能性には限りがない。将来、自宅にいながらにして、自分だけの特別誂《あつら》えのジーンズをプリントできる日が来るかもしれない。

ヒマラヤ山脈の山間の村でも、雛型《ひながた》をクラウドからダウンロードして、必要なもの（例：道具、水ポンプ、文房具）は何でも3Dプリントできる日が来るかもしれない。これは宇宙空間にいる宇宙飛行士でも同じだ。

■今後も注目の分野――ナノテクノロジー、ロボット工学、再生医療

３Ｄプリンターのような新技術が登場すると、従来の職種の中にはもちろん消滅するものもある。スペア部品の倉庫管理などは、そのよい例だ。さらに運搬・流通業の需要は落ち込むだろう。これは環境保護の観点からは望ましいが、トラック運転手にはよろしくない。もし自動運転トラックが開発されれば、人間の8時間労働に対して24時間操業が可能となり、米国だけでも３５０万人のトラック運転手が失業すると専門家は予測する。自動運転トラックは、初期投資さえすれば、その後給与を払い続ける必要もない。

従来の職種が消滅する一方で、新しい職種も生まれる。それに適した教育と訓練を受け、時代の変化を受け入れ、存在感が増してくる新しい経済の需要に自身を適合させていこう

と考えることが必要だ。

3Dプリンターは、生活の質を変えていく新技術の1つに過ぎない。**ナノテクノロジー、ロボット工学、組織再生医療**の3分野は、今後も注目に値する。なぜなら、インフレ・デフレなどの景気や、平時・有事といったことにかかわらず、我々が直面する緊急課題への解決策を提供するこれらの技術は進歩していくからだ。

人口変動の状態はどうか？　何十年も米国経済を牽引してきたのは、7700万人のベビーブーマー世代だ。今、65歳に達したベビーブーマー世代が毎日1万人、退職していくが、年金もなければ老後貯蓄もない人が多く、老後危機の大波が将来襲う危険がある。

また米国では、国の負債は史上最大に膨れ上がっている。17兆ドルの負債に加えて、社会保険、高齢者用メディケア（高齢者、障害者向けの公的医療保険制度）、低所得者用メディケイド（民間の医療保険に加入できない人のために用意された公的医療制度）、地方自治体年金を合計すると、なんと100兆ドルにも上る未積立年金負債があると報告されている。

また、地球温暖化や農地過剰耕作による環境破壊の波もある。こうしたさまざまな波がどんなに大きくても、それらの課題を解決してくれるテクノロジーの波はもっと大きく、人類をより豊かな未来へと導いてくれるだろう。

未来学者のファン・エンリケスは、こう語る。

「冷戦や朝鮮戦争を心配していた頃、トランジスターが発明された。第二次世界大戦を心配していた時、抗生物質が開発された。こうした発明の方が、戦争や不況などより、ずっと大きな影響を人類に与えた」

人類の問題は波のように打ち寄せてくるが、解決策も同様に波のように打ち寄せるのだ。

■「人工知能(AI)の世界的権威」レイ・カーツワイルが描く未来

ファン・エンリケスの言葉の意味を誰よりも深く理解するのが、人工知能（AI）の世界的権威で発明家の**レイ・カーツワイル**だ。「現代のトーマス・エジソン」の異名を取るほど、優秀な頭脳を持つ。

たとえレイの名前は知らなくても、誰もが想像以上の大きな恩恵をレイから受けている。スマホやインターネットで音楽を聴けるのは、レイのおかげだ。音楽をデジタル形式で聴けるようにしたのも、アイフォーンのシリ（Ｓｉｒｉ）や音声認識ソフトを開発したのもレイだからだ。

今から約20年前、私はレイにインタビューし、彼が描く未来像を聞いて驚いたのを覚えている。自動運転車、人間のチェス王者を負かすコンピュータなど、当時は幻想としか思えなかったが、今では現実となっている。

レイは当時すでに「光学文字認識（ＯＣＲ）ソフト」や盲人用の文字音読機器を発明し、後者を最初に購入したのはスティービー・ワンダーだった。そしてレイは今、目の不自由な人たちが1人でも市街地を歩け、レストランのメニューから自力で料理を選んで注文できるよう、ポケットサイズの盲人用機器の開発に取り組んでいるのだ。

レイは「これ（自動運転車やチェス王者を負かすコンピュータ）が実現するのは、２００５年だ」と、20年前のインタビューの折に断言していた。私が「なぜ、それがわかるのか？」と聞くと、レイは、こう説明してくれた。

「テクノロジーの進化には自然と弾みがついて、開発速度がどんどん速まるからだ。『コンピュータの処理速度は24カ月ごとに倍になる』というムーアの法則は、マイクロチップに限らず全てのＩＴ技術にあてはまる」

これはどんな意味を持つのか。１、２、３、４、５と直線的に増加するのではなく、１、2、４、８、16と2倍に（指数関数的に）増え続ける、つまり進化スピードがどんどん加速していく。前にも述べたが、この概念は常識的思考回路から外れていて理解するのが難しい。

レイの説明はこうだ。

まず、指数関数的成長は人間の直観とは大きく異なる。人の脳には「将来はこうなる」ということが直観的にわかるようなシステムが組み込まれている。1000年前に草原を歩いていた人は、自分に向かってくる動物を視界の隅にとらえたら、「20秒でどこまで近づくか」「どう対応したらいいか」を直線的に予測する。

ところが、指数関数的成長では、動物が最初2、3歩歩いたら、突如速度が倍々で加速し、20秒後には隣の大陸に出現するようなものだ。

ピーター・ディアマンディスは別のたとえを使う。「線形で30歩進め」という指示では、30メートルほど先に進むだけだ。ところが「線形ではなく、指数関数で30歩進め」では、10億メートル先に進むことになり、地球を26周できる勘定になる。

指数関数的成長の概念を理解すると、未来への軌道は予想可能だ。**レイは、自分のビジョンにいつ現実が追いつくかを知っている。**OCRソフトを搭載した盲人用ポケットサイズの読み取り機器や、他製品の開発日を予告した。

レイは私のセミナーで講演することも多いが、ヒトゲノムの解析（訳註　人間の全DNA

配列〈30億文字〉を読み取り、その働きを明らかにすること）が完了するタイミングを正確に予測したことについて、「ヒトゲノム解析プロジェクトは指数関数的成長に進化すると思ったので、１９９０年の開始から15年以内で完成すると予測した」と明かした。

懐疑派の中には、「複雑なヒトゲノムの解析には１００年以上かかる」と考える人もいた。開始から7年半経過した時点で、わずか１％しか解析が進まなかったので、懐疑派は「ほら、言った通りだ。予測した15年の半分が過ぎたのに１％しか解析されておらず、これは失敗だ」と主張した。

しかし、レイは「失敗ではなく、予定通り進んでいる」と反論した。指数関数的成長は最初は小さな数字を倍々にしているため、何も起こっていないように見える。しかし解析が１％に達した時点で、あと7回だけ倍にすれば１００％に達する。最終的には、ヒトゲノム解析は予定より早く、２００３年に完了した。

■その現実は「ついそこまで来ている」

次は何が起こるか？　幹細胞から再生した皮膚細胞を、苦痛や傷跡なしに皮膚に移植できるようになった。どこにでもある太陽光、風力を使って、発電できるようになった。

人口増加に伴う真水不足は、カリフォルニア州やアフリカ諸国では深刻な問題だ。国連によると、不衛生な水による感染症で毎年340万人以上が死亡する。しかし、新しい海水淡水化装置によって、オーストラリアからサウジアラビアまで、海水を水道水に変えることが可能となった。またイスラエルのウォータージェン社は、空気中の水分を凝縮して真水をつくる機械を生産している。1リットルの水をつくるのに、かかる電気代は、わずか2セントだ。

空気中の水分を凝縮して飲み水をつくり出す、全く新種の給水塔も開発され、電気が通じていない辺境の村で利用されている。セグウェイの発明で有名な発明家ディーン・ケーメンが、エネルギー効率が高く、汚水を清潔で安全な飲み水に変える小型冷蔵庫サイズの浄水器「スリングショット」をコカ・コーラ社と提携して開発した。こうした革新的製品の開発が続けば、真水不足問題が解決される日は将来、必ずやってくる。

食料はどうか？　レイ・カーツワイルによると、耕作地不足と農業汚染という二大障害を乗り越えるための新しい技術が開発されつつあるという。従来の水平農法とは違う**垂直農法**（訳註　室内農法の一種。高層の建物内で垂直的に農作業を行なう）を取り入れるのだ。

「今から15年間のうちに垂直農法で植物を育てられるようになる。コンピュータが管理する食肉工場で試験管内で筋肉細胞を培養できるようになり、家畜を殺す必要がなくなる。環境に悪影響を与えずに、低価格・高栄養の食肉を生産できるようになる日が来る」と、レイは予言する。化学肥料による土壌の窒素汚染もなくなり、たんぱく質を確保するために動物を殺す必要もなくなるというのだ。とても不可能に思えるかもしれないが、レイは、**「これが現実化する日は、ついそこまで来ている」**と主張する。

人間の基本的ニーズが満たされれば、人はもっと生きがいのある人生を送るチャンスが得られる。特に、老化という障害を克服できれば、なおさらだ。

■生物を〝つくる〟時代へ

「年齢は気持ちの問題だ。気にしなければ問題なし」マーク・トウェイン

今まで書いてきた変化はどれも革新的だが、特に「医療分野の進歩は常識をはるかに超える」と言える。**生命は、実はＩＴ工学**なのだ。

ＤＮＡはＡ（アデニン）、Ｃ（シトシン）、Ｔ（チミン）、Ｇ（グアニン）という化学物質の配列でできている。言い換えれば、生命体を構成するのは「コード」だから、変化させたり、つくり出したりすることが可能だ。

分子生物学者クレイグ・ヴェンター（訳註　細菌の全ゲノムを合成し、別の細菌に移植して置き換えることで新種の細菌を作成したゲノム研究の研究者）が2010年に成功させたことが、まさにそれだ。未来学者のファン・エンリケスも、この計画に加わっていた。

ファンに私のセミナーに登壇してもらった時、

「どうして合成生物をつくろうなどと思ったのか？」

と私が尋ねると、ファンはニッコリ笑ってこう答えた。

「生物学者のグループがバーで飲み会をしていた時、誰かがほろ酔い加減で『コンピュータ・チップを最初からプログラムするように、細胞を最初からプログラムできたら面白いと思わないか？　何が起こるだろうか？』と言ったんだ」

そして、少し間を置いた。

「この計画を実行に移すには、5年の歳月と3000万ドルの費用がかかったんだ！」

まず、細菌から全ての遺伝子コードを取り出す。そして、そこに新しいコードを入れれば、それは違った種の細菌ということになる（訳註　読み取ったゲノム配列の情報を基に、ほぼ同じ配列を持つ人工ゲノムを化学合成していき、この人工ゲノムだけで生きるマイコプラズマ・ミコイデスという細菌を人工的につくり直した）。

この合成生物の画期的ニュースを発表した際に、クレイグ・ヴェンターは**「この細菌は、コンピュータを親とする、世界初の自己複製できる合成生物だ」**と語った。

レイ・カーツワイルが語っているように、遺伝子は、ある行動のスイッチを入れたり、切ったりできるソフトウェア・プログラムに似ている。これはつまり、細胞とは「極小の機械」と「プログラム」であり、自己複製できるということだ。

「いくらノートパソコンのソフトをプログラミングしても、翌朝にノートパソコンが一台より増えることはない。でも、細菌をプログラムすれば、翌日には10億個の個体に増殖している」

と、ファンは言う。

SFのような突拍子のない話に聞こえるが、これはもう現実となっている。この技術は、すでに洋服の製造過程に使われている。「スポーツウェアのアンダーアーマーのような通気性と収縮性に富む服は、今では石油からではなく、ほとんどがバクテリアからつくられているんだ」とファンは言う。日本では、鉄より強い合成絹をバクテリアがつくっている。米国東海岸では、ガン治療に効果があるというミルクを出す遺伝子組み換え乳牛を飼う牧場すら出現しつつある。

人体は「どこまで再生可能」か？

「想像でき、信じられることは、何でも実現できる」ナポレオン・ヒル（成功哲学の祖）

ナノ・テクノロジーや３Ｄプリンティングの進歩により、血液細胞と同サイズの医療機器が、血管の中で認知症やパーキンソン病と闘ってくれる日がいつか訪れるかもしれない。病気で壊死した神経細胞に取って代わるコンピュータ内蔵機器を移植できる日が来るかもしれない。極小の人工内耳インプラントが開発され、聴力を回復するだけでなく、クジラ言語を含む超音域まで聞こえるようになるかもしれない。

レイ・カーツワイルによると、ダイバーが40分間、息継ぎなしで水中に留まれるように、または戦場で兵士の命を救えるように、赤血球の遺伝子組み換えが現実に行なわれている。

科学者は、大きな危険が伴う臓器移植をしなくても済むよう、必要に応じて臓器や組織を３Ｄプリンターで即時再生する方法を模索中だ。ウェイク・フォレスト大学再生医学研究所長アンソニー・アタラ博士は、

「理論的には、体内で成長するものは全て体外でも培養できる」

と語っている。アタラ博士は、正常に機能する膀胱《ぼうこう》を試験管で培養し、移植することに

すでに成功している。**過去15年間に、幹細胞からつくられた組織を、移植患者の体が拒否した事例は1つもない。**

アタラ博士のチームは、もっと複雑な構造を持つ心臓、肝臓、腎臓などの器官再生に挑戦している。心臓麻痺や心臓弁膜症に苦しむ患者のために、皮膚細胞から新しい心臓を再生でき、医師が新しい心臓を注文できる日が来るかもしれない。

そして、高額料金を払う覚悟のある人は、この奇跡的な治療を実際に受けることができる。「細胞外基質（ＥＣＭ）」と呼ばれるブタの膀胱から抽出された細胞を、人の負傷箇所に移植すると、ブタ細胞が人の幹細胞を刺激して、筋肉、靭帯、骨の再生を促進してくれるのだ。切断された指の再生には、すでに成功している！

誰でも使えるわけではないが、このＥＣＭは現実に存在する。価格が下がり、誰でも使える日が来るのも、そう遠くはないだろう。

再生医療の背景にある概念は、極めてシンプルだ。人体は器官の再生方法をすでに知っている。体内にある幹細胞の再生スイッチを入れる方法を見つけさえすればいいのだ。

乳歯が抜けた後、永久歯が出てくることは誰でも知っている。ピッツバーグ大学のスティーブン・バディラック博士によれば、新生児は指を失っても、２歳になるまでは新しい指が成長するという。この事実を知っていただろうか。

成長するにつれて、人は再生機能を失う。そして「どうすれば、再生機能をもう一度刺激できるか?」が大きな課題だ。

サンショウウオは切れた尻尾を再生できるが、なぜ人は脊椎や手足を再生できないのか?

幹細胞の再生能力をフル活用できる日が来れば、医療や美容分野への応用範囲は無限だ。

レイ・カーツワイルは、「革新的な再生医療を活用して寿命が延ばせるようになるまで、まずは健康に最大の注意を払うべきだ」と警告する。テクノロジーがそこまで進歩するのには時間がかかるので、その時まで生きている必要がある。ミレニアル世代なら、その可能性は高いが、ベビーブーマー世代は、食生活を改善して運動に励まなければならない。

レイは2010年に医師と共著で、『超越:永遠に生きるための9ステップ』(未邦訳)という本を出版し、永遠の生命を可能とする再生医療技術の進歩を待つために、長生きする方法を説いた。

レイは、「コンピュータが人間より賢くなるまで長生きしたい」と願っているが、それが現実となる日もそう遠くはないだろう。

■2045年、シンギュラリティ（技術的特異点）が起こる？

人が何時間もかけて覚えることを、コンピュータは数秒で覚える。レイによると、2020年までには価格1000ドルのPCが人間の頭脳に匹敵する能力を持ち、2030年までには人類全体の英知と同等の処理能力を持つようになると予測される。

レイは、「2030年には人工知能は人間と区別できないほど進化しているが、心配は無用」と言う。コンピュータが人体の一部となり、人間はより賢く、より強力に、より健康に、より幸福になっているからだ。

これを「想像上の話」と言う人は、スマホが手元にない時、自分がどう感じるか考えてほしい。ちょっと寂しい？　**それは、テクノロジーがもう人体の一部となっているからだ。**

スマホはもはや「体外の脳」であり、膨大な個人データを保存して分別してくれる不可欠の存在なのだ。これから20年で、スマホはまず装着型へ、さらに移植型へと進化を続けるだろう。

もっと先の将来を考えてみよう。もう読書はしなくてよい。本の内容を直接脳にアップロードするだけでいい（特に、膨大な本書を読んできた読者は、「この技術が今あればいいのに」と思うかもしれない）。

または個人の思考、感情、人格をクラウドにアップロードして、永久保存することも可能になるだろう。これらが現実となる時を、レイをはじめとする未来学者は、**「シンギュラリティ（技術的特異点）」**または「コンピュータ・マニアの天国」と呼んでいる。そしてレイは、「2045年までに、このシンギュラリティは起こる」と予想する。

■「テクノロジーに楽にアクセスできること」で幸福度は高まる

「生きる理由がある人は、どんな人生でも我慢できる」ヴィクトール・フランクル（精神科医）

もしテクノロジーが資源不足の問題を解決してくれたら、人間はもっと安全に、もっと自由に、もっと幸せに生きられるだろう。

欠乏は脳の奥底に眠る生存本能を呼び起こす。つまり、「生き残るのは、俺か相手か」という爬虫類《はちゅうるい》のような本能を活性化するのだ。生存を賭けた闘争・逃走反応も大事だが、人としての最悪の側面を晒すこともある。私たちの脳は200万年前から大して進化しておらず、敵意や戦争は常に大きな障害となる。「十分にない、足りない」という恐れや不安の気持ちから自由になれたら、暴力も減るだろう。

「テクノロジーにアクセスするほど、幸福と感じる人が増える」という統計が出ている。1981年から2007年に実施された世界価値観調査では、52カ国中45カ国で幸福度が上昇した。では、この間、何があったのか？　産業社会から情報社会へ移行した「デジタル革命」である。

社会学者はこの指数を「経済的発展、民主主義の拡張、社会的寛容度の上昇に伴い、個人の選択範囲が広まり、それによって世界中で幸福度が高まった」と解釈した。

同調査では、「もっとお金があっても、幸福度は上がらない」という結果も出た。世界中で最も幸福と感じる人は、最貧国に住む人であることが多い。フィリピン人の方が、米国人より幸福度が高い。**幸福度を決めるのは、国内総生産（GDP）より価値観なのだ。**

低賃金の仕事に就くと、最重要な資源である時間を失う。「つい最近まで、大半の米国人は農業に従事し、食料を確保するために80％の時間を費やしていたが、現在は食費を稼ぐには7％の時間で済む」と述べた。

テクノロジーの進歩に伴って、自由時間がさらに増えれば、学んだり、成長したり、他人と交流を持ったり、社会奉仕をしたりして、もっと生きがいを感じるために、時間を使えるようになる。

しかし、テクノロジーが進歩すると、現在、人間がやっている仕事を、人工知能やロボットが奪うことになる。オックスフォード大学の調査によると、現在の職業の47％は、将来、機械に取って代わられる可能性があるという。つまり、労働者の約半分がロボットに取って代わられる勘定だ。

誰もが意義のある仕事に就けるように、社会をリセットしなければならない。個人も新しい技術を学ばなければならない。そして、この移行が難しいのは明らかだ。

■真の豊かさとは「可能性」に溢れていること

しかし、コンピュータが全ての仕事をこなし、「考えること」も任せられる日が将来訪れたら、どうなるか？　自動運転車に乗って出かけて、食料品もドローンが配達してくれる日が来たら、人間は何をするか？　「忍耐」について教えてくれる逆境や困難が何もなくなったとしたら？　これは興味深い問いだ。

もう10年以上も前になるが、私はレイ・カーツワイルにこの問いを投げかけたことがある。レイは、子供の頃に見たテレビ番組「トワイライト・ゾーン」（１９５９〜１９６４年、米国放映）の逸話を話してくれた。このシリーズは面白かったが、必ず気味の悪い結末が待っていた。

たとえば、こんな話があった。

ギャンブル好きの男が死後、目を覚ますと、白いスーツを着たガイドが傍《かたわ》らに立っていた。このガイド（または天使）はまるで執事のように振る舞い、高級カジノ（ギャンブラー天国）に男を連れて行った。ホテルの豪華な部屋には、実に高価なスーツと靴が並んでいた。そこで着替えて、階下のカジノに行くと、皆が彼の名前を知っており、ニッコリ微笑んだ。

ブラックジャックをやり出すと毎回21が出て、1人勝ちでチップの山は大きくなるばかりだ。欲しいものを口にするだけで、ドリンク、ステーキ、女性と何でも目の前に現われた。男はご満悦で、その夜は眠りについた。

こんな状態が毎日続き、数カ月してブラックジャックのディーラーが、いつも通り「ブラックジャック！」と叫んだ。男は「もちろんブラックジャックさ！」と叫び返した。ディーラーが、「21！　お客様の勝ち！」と言うと、男は「常に俺が勝つのには、もう飽きだ！　何があっても、いつも勝つのは俺だ！」と叫んだ。

そこで男は白スーツ姿のガイドに、「大天使と話したい」と頼んだ。

大天使が現われると、男は大声で「もう退屈すぎて、気が狂いそうだ。俺は生前そんなに善良ではなかったから、今天国にいるのは何かの間違いだ！」と文句を言った。大天使は、笑顔を凍り付かせて、「どうして天国にいると思い違いをしたのか……？」と言った。

何の苦労もなしに、欲しいものが全部手に入るとどうなるか？　ずっとそんな状態が続けば、地獄にいるように感じるだろう。ここで生じる新しい問題は**「豊穣の世界で、生きる意味を見つけられるか？」**だ。

ピーター・ディアマンディス曰く、「世界中の人に『贅沢な暮らし』ではなく、『可能性に溢れた暮らし』を提供すること。それが、真の豊穣だ」。

だからこそ、**人生に意義を与えるものは何か**を一緒に検証しよう。それは大きな障害やチャンスに遭遇した時に喜びを与えてくれ、好況・不況とは無関係に、強靭さを与えてくれるものだ。人生の意味と充実感を与えてくれる究極の富を見つけよう。溢れる情熱を燃やす方法を学ぼう。

3

人生を切り拓くのは「知識」ではなく「行動」

——「感謝」と「情熱」を心に満たして生きる

MONEY
MASTER
THE GAME

充足感のない成功は「究極の失敗」だ

「情熱に駆られて行動する人こそ偉大だ」ベンジャミン・ディズレーリ（英国政治家）

さて、ここまで読み進めてきてくれた読者には、本当に感謝する。

私にとって『世界のエリート投資家は何を考えているのか』と本書は、今まで何十年も学び、教えてきたことの集大成で、読者への心からの贈り物だ。もし『世界のエリート投資家は何を考えているのか』と本書を読むことで成功できたら、本書の意義をもっと周囲に広めてほしい。

人生最大の贈り物は、自分の死後も生き続ける遺産だ。この冒険を終える前に、人生の本当の目的は何かについて書いていこう。

ダライ・ラマから学んだこと

「幸福は与えられるものではなく、自分の行動から生じる」ダライ・ラマ14世

私は今まで、あらゆる業界・階級の人と一緒に働いてきたことを誇りに思う。政界、経済界、エンターテインメント業界、スポーツ界、そして、宗教界のリーダーたちと会ってきた。

中東のウェストバンクで、イスラエル人とパレスチナ人を集めて指導者養成講座を開いたことがある。最初は、双方がお互いに敵意をむき出しにしていたが、1週間経つ頃には友情が芽生え、この時の受講者はその後9年間もお互いを支援する平和プロジェクトを推進した。

この結果、2006年にダライ・ラマが私の自宅を訪れ、その後サンフランシスコで行なわれた異宗教間平和会議に私を招待してくれた。その会議が開かれたのは4月の1週間だったが、三大宗教の重要な祝日（キリスト教の復活祭、ユダヤ教の過越祭《すぎこしのまつり》、そしてイスラム教のムハンマド生誕祭）を皆で一緒に祝ったことは、互いの宗教への理解を深め、互いの民族への思いやりを深めるために、非常に大きな意義があった。

深紅と紫色の僧衣をまとったダライ・ラマは、会場のホテル宴会場で私を温かく出迎えてくれた。彼は、まさに幸福の体現者で、全身から喜びと温かみがほとばしっていた。

1000人を超える出席者の中で、私は幸運にも、世界的宗教指導者と宗教学者25人が集まる会議の司会を任された。ヒンズー教、仏教、キリスト教米国聖公会、ネイティブ・アメリカン、カトリック、ユダヤ教、イスラム教スンニ派とシーア派を含む広範な宗教指導者が出席した。

最初は皆互いに、穏やかに接していたが、やがて宗教概念や教義の違い、昔からの対立や紛争による犠牲者などの具体的な話に入ると、口調がきつくなり、大声で同時に叫び合うばかりで、誰も相手の話を真剣に聞かなくなった。

ついに、ダライ・ラマが小学生のように片手を挙げた。怒っているわけではなく、ニッコリ笑いながら、挙げた手を振った。参加者は次第にダライ・ラマに気づき、司会者を無視して口喧嘩してきた自分を恥じ、口論をやめた。やっと会場が静かになると、ダライ・ラマは挙げた手を下ろして、こう言った。

「皆さん、参加者全員が賛同できることが1つある。それは、世界中の偉大な宗教指導者が、この部屋に一堂に集まったことだ。皆、自分の宗教を誇りに思っている。しかし、宗教の究極の目的と、信徒が真に望むものを見失ってはいけない。**誰でも幸福になりたいのだ**」

ダライ・ラマはさらに、

「アフガニスタンの羊飼いと、ニューヨーク市の株式トレーダーの共通点は何か？　アフリカの部族長と、アルゼンチンの10人の子供を持つ母親の共通点は何か？　パリのデザイナーと、ペルーの織物家の共通点は何か？」

と問い続けた。そして最後に、

「**誰でも皆、幸せになりたいということだ。**これが全ての本質だ。宗教指導者が不幸をつくり出しては、指導者としては失敗だ」

と締めくくった。

■「人とシェアして楽しむ」という究極の喜び

では、幸福の源は何か？

私は「**充足感のない成功は、究極の失敗だ**」といつも教えてきた。真に追求するに値するのは、喜び、自由、安全、愛といった感情だ。

幸福や充足感、そして「人生の意味」に導いてくれる道を、人はそれぞれ見つけるものだ。

人間関係、宗教や自然に幸せを見出す人もいれば、もっと世俗的に、肉体美、お金、有名大学の学位、子供、またはビジネスの実績に幸せを見出す人もいる。

しかし、真の富が、口座残高や資産額では測れないことは、誰でも心の奥底で知っている。

では、**豊かな人生を送る「究極の秘密」**とは何か？

人とシェアして楽しむことだ！

しかし、まず行動を起こさなくてはならない。学んだことを知識だけで終わらせるのは、愚かなことだ。学んだことを実行に移してこそ、豊かになれるのだ。論じるだけでは足りず、行動に移して初めて報酬を得られる。

だから本書を置く前に、最後のチェックリスト（２９５ページ）に目を通して、自分の経済的夢に向かって前進しているかを確認してほしい。その後、一息ついてから、人生の究極の目的は何かを思い出すのだ。

豊かさにも「種類」がある

「豊かさとは、人生をフルに経験できる能力だ」ヘンリー・デイビッド・ソロー（思想家）

「豊かさ」には、さまざまな種類がある。感情的、知的、肉体的（エネルギー、強靭さ、活気）、そして精神的（人生の深い意味、人知を超えた天命）な豊かさだ。人間関係も、もちろん含まれる。1つの豊かさばかりに集中して他の豊かさを犠牲にするのは、人生最大のミスだ。

本書の真の目的はお金ではなく、自分の望む人生、より質の高い人生をつくり出すことだ。これまで、マネー・ゲームをマスターすることに集中してきた。それは、お金が心理、健康、恋愛に大きな影響を与えるからだ。

しかし、幸せな人生を送るには、人づき合い、充実感や健康のゲームをマスターすることも大事だ。あの世にまでお金を持って行けないのだから。

30年前、私が子供をシルク・ドゥ・ソレイユに連れて行った時の光景が今でも忘れられない。前から4列めのVIP席で、芸人に触れられるほどステージに近かった。そして、横の3席は空いたままだった。

ショーが始まる直前になって、2人のアシスタントに助けられ、杖をついた超肥満の男性（少なく見積もっても170キログラム）が階段を下りてきて、空いていた3席全部に1人で座った。ちょっと歩いただけで、大汗をかいて息を切らしていた。すぐ隣に座っていた私の娘は、押されて実に窮屈そうだった。

後ろの席から「彼はカナダ一番の富豪よ」というささやき声が聞こえてきた。保有資産が10億ドルを超える億万長者の1人だ。

しかし、私はこの男性の苦痛に想いを馳《は》せた。今まで金儲けばかりに気を使い、自分の健康を無視してきたから、今辛い思いをしているのだ。肥満のせいで死にかけている。人生で経済以外の面をマスターできなかったために、劇場でサーカスを楽しむこともできず、自分の築いた富をエンジョイできないのだ。

■「たとえ10億ドルあっても、感謝の念がない人は貧しい」

「自分の持つ宝物に気づく時だけが、真に生きている瞬間だ」ソーントン・ワイルダー（劇作家）

いくら経済的に大成功を収めても、人生のバランスが崩れていては意味がない。人生というゲームに勝っても、感謝の念を持ち、自分の人生を祝福できなければ意味がない。いくら裕福でも、不幸で怒りに満ちた人は最悪だ。こんな人が山ほどいるのは残念だ。期待ばかりが高すぎて、自分の持つものをありがたいと思わず、人生のバランスを崩した結果、そうなる。

現状で十分と考え、感謝する気持ちがなければ、真の充足感は得られない。ジョン・テンプルトン卿曰く、**「たとえ10億ドルあっても、感謝の念がない人は貧しい。お金はなくても、感謝の念を持つ人は本当に豊かだ」**。

どうしたら、感謝の気持ちに溢れて生きられるか？　思考と感情をコントロールする力を検証してみよう。

「人生の質」を最終的にコントロールするのは、自分の決断だ。

私は今までの経験から、**「人生で下す主要な決断は3つある」**ことを学んだ。

この3つの決断を無意識に下す人は、肥満に悩み、精神的に疲弊して、退屈な恋愛・結婚生活を送り、経済的ストレスを感じることが多くなる。

反対にこの3つの決断を意識して下す人は、人生をそれこそ一瞬で変えることができる。

では、この3つの決断とは何か？

■決断1：何に注目するか

どの瞬間にも、注意を払うことは山ほどある。現在、起こっていること、将来起こってほしいこと。過去の出来事に始まり、克服すべき大きな障害、今この瞬間の美しさ、自分の失敗に注目することもできる。意識して自分の集中力を特定方向に向けないと、周囲にばかり目が行き、集中できない。

消費者の注意を引くため、宣伝・広告に何百億ドルも費やされている。根拠のない脅迫(「このジュースを飲むと子供が死ぬかも！　詳細は11時のニュースで」)や、バカげた発言で消費者の注意を引こうとすることも多い。

メディアは煽情的にニュースを伝え、ソーシャル・メディアは情報をたれ流す。**エネルギーは自分が注目する方向に流れる**から、自分が何に注目するかで、その後の人生の方向が決まる。

ここで、喜びや幸福感、怒り、フラストレーション、ストレス、そして充足感をコントロールし、瞬時に「自分が注目すること」の方向性を切り替える2つのパターンを検証しよう。

パターン1

「今あるもの」または「今ないもの」のどちらにより注目する傾向があるか？

自分は「今あるもの」と「今ないもの」のどちらにより注目する習慣があるか考えてほしい。最悪の事態に遭遇した人でも、感謝できることがたくさんある。

経済的に苦しむ人は、「年収が3万4000ドルあれば、世界トップ1％の所得層に属する」という事実を思い出してほしい。世界の平均所得は、月額わずか1480ドル（年収1万7760ドル）だ。

そして世界の人口のほぼ半分にあたる約30億人が、1日2・50ドル（年収900ドル以下）で暮らしている。スターバックスのコーヒーの平均価格は3・25ドルだ。この金額を払える人は、世界の人口の半数が1日あたりに使う生活費を、コーヒー1杯に費やす勘定になる。こう考えると、自分の人生はそんなに悪くはないと思えるだろう。

2011年9月に始まった「ウォール街占拠運動」は、「米国トップ1％の超富裕層」への抗議が目的だった。しかし、「経済的に苦しい米国人」でも、世界を見渡せば、「世界トップ1％の超富裕層」に属するので、逆に抗議運動の標的となる。

「自分にないもの」にばかり注目して富裕層を恨むより、金とは無関係な人生を豊かにしてくれるものに感謝すべきだ。

健康、友人、頭脳、選択肢があること、先人が建設した道路を運転できること、先人が何年もかけて執筆した本を読めること、そして、先人が開発してくれたインターネットを使えることに感謝すべきだ。

自分はどこに注意を払う傾向があるか？「あるもの」か、それとも「ないもの」か？「あるもの」に感謝していると、精神状態もよくなり、豊かさがつくり出される。本書の読者は、きっと「自分にあるもの」に注目するはずだ。時間をかけて考えてほしい。「今、肉体、頭脳、心、スピリチュアルなレベルで、深く感謝の念を感じるか？」

こうした深いレベルの感謝に達してこそ、喜びと天の恵みに真の感謝の念が持てる。小賢しく感謝するだけ、というのではダメなのだ。

パターン2
「コントロール可能」または「コントロール不可能」のどちらに注目するか？

状況や瞬間によって答えが変わるとは思うが、どちらに注目する傾向があるかを、正直に答えてほしい。コントロール不可能なことに注目しやすい性格の人は、間違いなくストレスの多い人生を送る。

人生ではコントロール可能なことも多いが、株式市場や家族・友人の健康、子供の態度などはコントロールできない。影響を与えることはできるかもしれないが、コントロールはできない。

コントロールが利かなくなるほど、ストレスのレベルは上がる。「自分が人生の出来事をコントロールする」と考えるか、「人生の出来事が自分をコントロールする」と考えるか、どちらの傾向が強いかを考えれば、自尊心の強さがわかる。

何かに注意を払えば、脳は次の決断を下していく。

決断2：「注目すること」に、どんな意味づけをするか

決断の2つめは、**「意味づけ」**である。

「自分の人生をどう感じるか」は、最終的には、経済状態や起こったこと、起こらなかったこととは全く関係がない。

「人生の質」は、起きたことに自分がどんな意味を与えるかによって決まる。たいていは、

無意識のうちに意味を決め、本人は全く意識していない場合も多い。

たとえば、自動車事故、病気やケガ、失職といった人生を揺るがす一大事が起こったら、これを「人生が終わった」と見るか、それとも「新しい人生の始まり」と意味づけるか。もし誰かから欠点を指摘されたら、「侮辱された」と思うか、それとも「コーチしてくれた」「自分を気遣ってくれた」と意味づけるか。もし壊滅的な打撃を受けたら、「天罰」「天の試練」と思うか、それとも「天からの贈り物」と考えるか？

どんな意味づけをするかによって、その後の人生が決まっていく。自分が選んだ「意味」が特定の感情を喚起し、その感情が自分の「人生の質」を決めていくのだ。

「意味づけ」は感情を左右するだけでなく、人間関係をも左右する。「10年間の交際なんて、まだ2人の関係は始まったばかり」と考える人は、将来もっと相手との関係を深められるから、喧嘩をしてもエキサイティングと感じる。逆に、出会って10日めで初めて喧嘩をしただけで、「もうおしまい」と考える人もいる。

喧嘩を「深い交際の始まり」と考える人は、「もうおしまい」と考える人と同じ行動を取ると思うだろうか？　この認識のわずかな差が、人生を一瞬で変える。

相手に一目惚れをして交際し始めた頃には、相手のためなら何でもする。「ゴミを出して」と頼まれたら、「喜んで！」と飛び出していく。ところが、その後しばらくすると、同じことを言われても「俺は清掃員じゃない！」と怒り出す。こういう人は、「あの頃の2人の情熱はどこへ行ったか？」と思うことになる。

関係が行き詰まった夫婦や恋人には、「交際し始めた頃と同じように振る舞えば、終わりなど来ない」と私はアドバイスする。交際初期には相手のためなら何でもやり、「私ばかりが家事をする」と相手に腹を立てることもない。相手の負担を軽くすることだけに注目できれば、「相手の幸せ」イコール「自分の幸せ」となる。

ここで「何に注目し、そのことにどんな意味づけをするか」が、いかにして「うつ病」を引き起こすのか、その過程について検証しよう。

何でも好きなことができる裕福な有名人の多くが、うつ病にかかるのはどうしてだろうと不思議に思う人が多いだろう。何百万人ものファンから愛され、何千万ドルもの富を手にしながら、自殺する有名人が多いのはなぜか？　頭脳明晰で知的なビジネスマン、俳優、歌手、そしてコメディアンが自殺するのを私は何度も見てきた。最先端の効果的な治療法や薬物を使っても、自殺を防止できないのはなぜか？

私のセミナーでは、必ず**「この中に、抗うつ剤を服用しているにもかかわらず、うつ病**

に苦しむ人を知っている人はいますか？」と聞く。世界中どこに行っても、受講者約5000人のうち、85～90％が手を挙げる。どうしてこんなに多いのか？

確かに、抗うつ剤のラベルには副作用として「自殺願望」と書かれている。しかし、いくら強い抗うつ剤を服用しても、「コントロール不可能なもの」と「自分にないもの」にばかり注目していては、絶望感にとらわれても不思議ではない。

そして、「ないものにばかり注目する」「コントロール不可能なことに注目する」という傾向に、「人生には生きる価値がない」という意味を加えると、たとえどんな抗うつ剤を使っても絶対に克服できない、**「感情的毒薬カクテル」**ができ上がる。

しかし、抗うつ剤を服用しているのにうつ病に苦しんでいる人でも「人生の新しい肯定的意味」（生きる理由や、現状を冷静に受け入れること）を見出せれば、過去の出来事を全て乗り越え、力強く生きられると私は断言できる。

自分を必要としてくれる人、愛してくれる人、そして自分ができる社会貢献にいつでも注目できれば、どんな人でも変われる。

過去38年間に何千人もの人々をコーチングしてきたが、私のセミナー受講者で自殺した人は1人もいない。自殺者が将来も出ないという保証はないが、絶対に出ないことを願っている。「人生の何に注目するか」という自分の習慣を変えられれば、人生の制約を打ち破ることができる。

「注目するもの」と、それに「与える意味」を変えると、数分で生化学的な変化が起こる。この変化を自分で起こすことができれば、感情は一変し、ゲームは根底から変わる。

そうでなければ、精神科医ヴィクトール・フランクルをはじめとするアウシュビッツ収容所の虐殺を生き延びたユダヤ人の精神力の強靭さは説明がつかない。

彼らは極限状況に晒されても、崇高で深遠な「生きる意味」を見つけたのだ。そして単に惨状を生き延びただけでなく、同じような虐殺が将来、繰り返されないために声を上げたのだ。

苦しみの中でも意味を見つけ出せれば、希望が生まれて苦痛は軽減される。

だから、人生を自分でコントロールすること。そして、**「意味が感情を生み出し、感情が人生を生み出す」**ことを覚えておいてほしい。意識して賢い選択をしよう。どんな状況でも自分に元気を与えてくれる「意味」を見つけ出せれば、真の意味の豊かさが自分のものになる。

■決断3：どんな行動を取るか

心の中でつくり出された「意味」が、「感情」をつくり出す。この感情が、3つめの決断**「どんな行動を取るか」**を下す素地をつくる。感情は、将来の行動を大きく左右する。おどける人と怒る人とでは、当然、全く異なる行動を取る。そして自分の行動を変えたければ、「自分が注目するもの」と、その「意味」を変えるのが一番手っ取り早い方法だ。

しかし、同じ怒りを感じている人でも、取る行動は異なる。怒りを内面に閉じ込める人もいれば、そのまま表に出す人もいる。怒っても冷静な人、大声で怒鳴る人、暴力を振るう人もいる。怒りを表面には出さないが、相手を裏でネチネチいびったり、密かに復讐を誓う人もいる。ジムで運動して、怒りを発散する人もいる。

こうしたパターンの違いは、どこから来るのか？　人は、自分の愛する人、尊敬する人の行動を真似することが多い。親の行動に今まで何度もイライラさせられ、怒ってきたにもかかわらず、子供は親と同じパターンにはまることが多い。

イラつく、怒っている、悲しい、寂しい時の自分の感情パターンを認識すると、とても役に立つ。自分の感情パターンに気づかなければ、行動を変えることはできない。

以上の「3つの決断」を学んだら、自分が望む「人生のお手本」となる人を探すといい。情熱的な関係を保つ夫婦と、些細なことで喧嘩になるお互いに批判的な夫婦とでは、注目することも、そのことへの意味づけも大きく違っているはずだ。

この「3つの決断」の重要性に気づくと、人生で長続きするポジティブな変化をつくり出すことが可能となる。

人生の質を高める「集中」と「感情」の訓練

「18歳の時、悪い日を2度と経験しないと決心して以来、感謝の念の大洋にずっと浸ったままだ」

パッチ・アダムズ（医師）

人生の質を高めるために、この「3つの決断」をどう活用したらいいか？

「自分が注目するもの」「自分が頻繁に経験する感情」「どんな行動を取るか」は、シンプルな手順を踏むことで、コントロールすることが可能なのだ。

「いつもポジティブに感じたい」と望むだけでは足りない。そう感じて生きられるように自分を訓練しなければならない。それは、スポーツ選手が筋肉をつけるのと同じだ。

個人的なことでも、仕事でも、夫婦関係でも、あらゆる面で充足感、喜び、幸福感、達成感を持って生きられるように、そして「人生のポジティブな意味」を見つけるために、集中力を養い、感情を訓練しなければならない。

これは、**心理学の「プライミング効果」**という概念に基づく。

「プライミング効果」とは、無意識のうちに耳や目にした言葉、概念や感情が人の認識の仕方に影響を与え、その後の感情、やる気、行動にも影響することを意味する。

「自分で考えた」と思っていたことが、実は環境から受けた刺激によるものだったとしたら、どうするか？　または、誰かが「プライミング効果」を使って大衆心理を意図的に操作しているとしたら、どうするか？

ここで「プライミング効果」の実験を紹介しよう。

この実験では、カップに入ったホット・コーヒーかアイス・コーヒーを、見知らぬ他人が被験者に手渡す。その後、被験者は仮想キャラクターについての文章を読んで、そのキャラクターの本性を描写するように頼まれる。

この結果は驚異的だった！　ホット・コーヒーを手渡された被験者が仮想キャラクターについて「温かく、気前のいい性格」と描写した一方、アイス・コーヒーを手渡された被験者は、「冷たく、わがままな性格」と描写したのだ。

別の実験では、アジア系女性に算数のテストを受ける前に、短いアンケートに答えてもらった。「人種」を聞かれたグループのスコアは、平均よりも20％高かった。一方、「性別」を聞かれたグループのスコアはかなり下がった。「アジア系は算数が得意」「女性は算数が苦手」という文化的な偏見が作用した「プライミング効果」の例と言える。何を聞かれるかによって、無意識のうちに萎縮してしまうか、真の能力を発揮できるか、パターンが決まるのだ。

■1日10分、怒りと恐怖を取り除くエクササイズ

この「プライミング効果」を利用して、**自分の脳と心を「感謝の念」に敏感にすることで、怒りと恐怖を取り除けるような1日たった10分間のエクササイズ**を開発した。**感謝と怒り、または感謝と恐怖は、共存不可能**だからだ。

私は毎日、朝一番に、目をつぶって3分ほど自分が感謝するもの（例：顔をなでるそよ風、愛する人たち、天の恵み、将来のチャンス）を思い浮かべる。大きなことばかりに注目せず、人生を豊かにしてくれる些細なことにも気を配り、感謝するように努力している。

次の3分は、家族、友人、顧客、今日出会う人皆に、健康と天恵が与えられるように祈る。愛と感謝の念を外界に送り出し、豊かさと天恵が与えられるように心から祈りを捧げる。

残りの4分は、自分が達成したい3つの目標を考える。すでに達成してお祝いする自分の姿を思い浮かべ、感謝の気持ちに浸る。

この10分間は、自分への大切な贈り物なのだ。このエクササイズは、10日続ければ、きっと習慣になるはずだ。

このエクササイズが重要なのは、「感謝している」と言う人の多くが、実際に感謝する時間を取らないからだ。そのため、すでに手中にある美や天恵を失うことが実に多い。毎日、意識して心に正しい種を蒔《ま》かなければ、人生の雑草（例：イライラ、怒り、ストレス、孤独）がはびこってしまう。雑草は種を蒔かなくても、自然に生えてくる。

我が師ジム・ローンは、**「毎日、自分の心の入り口に立って警護しろ。どんな思考や信条を中に入れるかは、自分で決めるのだ」**というシンプルな原則を私に教えてくれた。

自分が裕福か貧乏か、恵まれているか呪われているかを決めるのは、思考や信条だからだ。最終的に真の幸福を求めるなら、自分の殻から抜け出すことだ。

人間の心は驚くほど生存本能が強く、「間違っていること」「避けるべきこと」「注意すべきこと」に注目する傾向がある。人類は進化したが、脳の構造は２００万年前と変わらない。

充足感に溢れる幸福な人生を送りたければ、本能に任せるだけでは足りず、意識して自分の思考をコントロールしなければならない。

プライミング効果を別にすれば、これを実行する手っ取り早い方法は、**6つの基本的欲求のうち、一番次元の高い精神的欲求「成長」と「貢献」に注目すること**だ。

「人は誰でも成長を目指す」と私は信じている。そして成長する人は、人に与える人であり、与えることは、人生で最も深い意味がある。「モノを手に入れる」満足感は一瞬のものだが、自分が与えた何かが、人の人生を大きく変えた時の満足感は永続する。

■つまらない「制約」を断ち切る瞬間

「社会貢献できる人は、誰でも偉人だ」マーチン・ルーサー・キング・ジュニア牧師（公民権活動家）

社会に貢献すれば、「本当に生きている」と感じられる。このことを究極的に体現しているのは、「自分の信条のためには命を捧げてもいい」と考える人だ。

公民権活動家マーチン・ルーサー・キング・ジュニア牧師は、20世紀最大の偉人の1人だ。彼の長男キング3世が、私の「デイト・ウィズ・デスティニー（DWD）」セミナーに参加するため、最近フィジー島を訪れた。この時、キング牧師の純粋な情熱に満ちた人生に、私がどれだけ啓蒙されたかをキング3世に話した。

私は子供の頃に、キング牧師が**「自分の命を賭ける使命が見つからない人は、生きる価値がない」**と話したのを覚えている。

「命を賭けてもいい」と思えるほど気遣うものを見つけた瞬間に、人生の真の富が解き放たれる。それは自分の心、恐怖、制約の鎖を本当に断ち切る瞬間だ。自分の使命に命を賭けるというのが困難な要求なのはわかる。

しかし、自分の子供、配偶者、親を守るためなら命を賭けるという人も少なくない。心底打ち込める使命を見出した人は、無限のエネルギーを見つけられるのだ。

パキスタンの10代の少女マララ・ユスフザイの話を聞いたことがあるだろう。彼女は「女子にも学校に通う権利がある」と大胆に主張して、タリバンのテロリストに頭部を撃たれた。マララは瀕死《ひんし》の状態に陥ったが、奇跡的に脳には損傷を受けなかった。この大ケガを生き延びたマララは、女性の権利拡大を主張する国際的活動家となった。

マララの狙撃犯はまだ捕まらず、タリバンは未だに「マララを殺す」と脅迫している。

それでも、マララは全く恐れずに公然と自身の信念を主張する。16歳の誕生日に、マララは国連で力強く演説した。

「タリバンは弾丸が人々を黙らせると思っているが、それは失敗に終わった。沈黙の中から何千という声が上がった。テロリストは私の目標を変えさせ、野心を打ち砕こうとしたが、私の人生は変わらない。**死んだのは恐怖と絶望、そして弱さで、新たに強靭さと勇気、そして燃え盛る情熱が生まれた**」

ＣＮＮのインタビューで「身の危険を感じたか？」という質問に対して、マララは、こう答えた。

「私を殺すことはできる。しかし私を殺しても、女子の教育、平和、人権擁護を求める私の使命を殺すことはできない。平等を求める私の遺志は必ず生き延びる。**私の肉体は殺せても、私の夢を殺すことはできない**」

この16歳の少女は、「3つの決断」をマスターした。最も重要なことに集中し、自分を超えた「人生最大の使命」を見つけた。そして何も恐れずに行動する。マララのように本当に命を賭けなくとも、自分の人生を恐れず、情熱を持って、限りない感謝の気持ちを持って生きる選択はできる。

次章では、富を築く旅の一番重要なレッスン「最後の秘密」について述べよう。

4

「真の豊かさ」を手にする最後の秘密

――「お金」と「幸せ」の不思議な関係

MONEY
MASTER
THE GAME

「お金の使い道」で幸福度は決まる

「人は得るもので生計を立て、与えるもので人生を築く」ウィンストン・チャーチル（英国元首相）

本書の旅も終わりに近づいてきたので、**自分がこの世で一番情熱を持つこと**について考えてほしい。

一番気にかけていることは何か？　何に興奮するか？　自分の死後に、どんな遺産を残したいか？　将来プライドを持つために、今日できることは何か？　自分の魂に「いい人生を送った」と伝えるには、どんな行動を取るべきか？　本書に啓蒙されたと思うなら、何をつくり出し、与えたいか？

これらの問いは全て、**「真の豊かさ」の最後の秘密**に近づくのを助けてくれる。

私は、「経済的自由」と「質の高い生活」を手に入れるための「マネー・ゲームの勝者になる方法」を『世界のエリート投資家は何を考えているのか』と本書で紹介してきた。だから、この章の内容は、その本筋から外れていると読者は感じるかもしれない。

しかし同時に、**「幸福はお金では買えない」**とも教えられてきた。

「収入が2倍になれば、幸せも2倍になる」と信じる人が多いという調査結果がある。ところが年収が2万5000ドルから5万5000ドルと2倍以上に増えても、幸福感は9%しか増えないこともわかった。

さらに、米国の中流層の平均所得の年収7万5000ドルまで達すると、その後いくら年収が増えても、幸福度に目立った差異は見られなかった。

もっと最近の調査では、「1日あたり、今よりわずか5ドル多く使うだけで、幸福感が高まる」という事実を科学者が証明した。

そして、**幸福度を決めるのは実は「使う金額」ではなく、「お金の使い道」**だというのだ。

■大きな満足感を約束する「3つの投資先」

『「幸せをお金で買う」5つの授業』(KADOKAWA)の著者エリザベス・ダンとマイケル・ノートンによれば、日常、どんなことにお金を使うか、その選択によって、感情的・生化学的な変化(例:唾液が出る)が起こる。

お金がもっとあれば、確かに高級料理を楽しんだり、安全な居住地区に住んだりできるが、実は使う金額より、「使い道」の方に大きなパワーがあるのだ。

お金の使い道にはいろいろあるが、より幸福感を得られる使い道があることが科学的に証明されたわけだ。詳細についてはこの本を読んでほしいが、ここでは最も重要な「3つの使い道」について述べる。

1 経験に投資する

モノを買うのではなく、旅行に行ったり、新技術を習得したり、何かの講座を受講したりする

2 時間を節約するために投資する

掃除や洗濯など、面倒な家事を誰かに代わってもらえば、好きなことにもっと時間が使える

3 人に投資する

人のためにお金を使うと、幸福度が大きく上がる

「人のためにお金を使えば使うほど、より幸福感を覚える」という事実を、この調査は証明している。資産が増えれば、より多額の寄付ができるので好循環が始まる。ダンとノートンは、**「自分のためよりも、人のためにお金を使った方が、大きな満足感が得られる」**と科学的に証明した。

この満足感は、精神的な健康のみならず、肉体的な健康をも促進する。**言い換えれば、人に与えることでより幸せに、かつより健康になれるのだ。**

そして、この結果は文化、所得額、年齢などの違いによって左右されるものではない。母にスカーフを買ってあげたカナダの女学生から、友人のために抗マラリア薬を買ったウガンダの女性まで、世界共通なのだ。また、「使う金額によって変わるものでもない」と

いう結果も出ている。

実験の1つでは、参加者に5ドルまたは20ドルの現金を与え、夕方までに半分のグループには「自分のため」に、残りの半分のグループには「人のため」に買い物をするように指示した。

その晩、人のために買い物をしたグループは、自分のために買い物をしたグループより、「日中ずっと幸せを感じた」と報告した人の数が多かった。

別の実験では、4グループの被験者に10ドルのスターバックス・カードを渡し、次のような指示を出した。

・1人で行って、自分のために使う
・誰かと一緒に行き、カードで相手に奢《おご》る
・カードを人にあげるが、その人と一緒に行ってはいけない
・誰かを誘って行くが、カードは自分のためだけに使う

この4グループの中で一番幸福度が高かったのは、「カードで相手に奢る」グループだった。自分の貢献が人をどう助けたかを実際に目にできる時、人は一番幸せを感じるのだ。

人を助けることで得られる幸福感は自分の喜びのためだけに何かをした時の喜びより強いだけでなく、より長続きする。

私がインタビューした有名な行動経済学者ダン・アリエリーによると、「自分のための買い物と人のための買い物では、どちらがより幸せと感じるか？」と聞くと、「自分のため」と答える人が多いという。

しかし、これは真実ではない。自分のために買い物をして得られる幸福感は、数分から数時間しか持続しないが、人のために買い物をして得られる幸福感は、最低でも1日、長ければ何週間も続くからだ。

ダンは別の実験についても話してくれた。ある会社で従業員にボーナスを3000ドル与え、そのうちの半数にはボーナスを自分のために使うように、残りの半数には人のために使うように指示した。

どちらのグループがより幸せと感じたと思うだろうか？　6カ月後に幸福度を調査したところ、人のために使ったグループの方が、自分のために使ったグループより、幸福感が強かった。

与えることでもたらされる最大の恩恵は「人との絆」ができることで、その絆はその後も長く持続する。お金を他人にあげるのと、愛する人にあげるのとでは、他人にあげる方が、幸せが何倍にも膨れ上がるのだ。

私自身も、**人に与えることによって驚くべき経験**を数多くしてきた。

自分の生存本能と成功願望を超えて、自分のことだけを考えて生きるのをやめると、恐怖、イライラ、苦痛、不幸が突然、消滅するのだ。エゴを捨てられれば、天が導きの手を差しのべてくれる。より多くの人を助ける人を、天は助けるのだ。

ここで、コネチカット州ニュートンの小学校で起こった集団射殺事件の後、「人に与えること」に自分の使命を見つけ、苦痛を乗り越えた1人の少年の逸話を紹介しよう。

■「ないもの」を恨むより、「あるもの」に感謝する

J・T・ルイスは、2012年12月14日を決して忘れない。その朝、狂気に駆られた犯人がサンディ・フック小学校に侵入し、26人(5～10歳の小学生20人を含む)を射殺した後、自殺した。

この惨劇の最中、犯人の銃が詰まったことに気づいたJ・T・ルイスの6歳の弟ジェシーが、級友に「逃げろ!」と叫んだ。この勇敢な行動で多くの命が救われたが、犯人はそ

の後ジェシーを射殺した。

ジェシーが自分の息子か弟だったら、どんな苦痛に苛《さいな》まれるか想像してほしい。事件から1年経った追悼日に、生存者がこの悲劇から少しでも立ち直れるよう支援するため、私はニュートンに行き、13歳のJ・T・ルイスと彼の母スカーレットに出会った。予想通り、犠牲者の家族の多くは、まだ悲しみに包まれていた。


しかし、J・T・ルイスは「ルワンダの孤児たちとの交流をきっかけに、自分の苦痛が和らいだ」と言ったのだ。J・T・ルイスの弟が射殺されたことを知ったルワンダの孤児たちが、地球の反対側から連絡をくれ、癒しのメッセージを送ってくれたのだという。私はこの話に非常に驚いた。

ルワンダの孤児たち自身が、史上最悪の悲劇からの生還者だ。１９９4年にわずか１００日間で、隣人だったフツ族が、１００万人にも上るツチ族を大量虐殺した、あの悲劇からの。そして、スカイプを通して、シャンタルという少女がJ・T・ルイスにこう語りかけたという。

「弟さんの死を心から悼《いた》みます。**でも、幸せと喜びを人生から奪うことができるのは自分だけで、他の誰にもできない。犯人はこれを奪う力を持たない**」

シャンタルは自分の体験を話してくれた。8歳の時に斧《おの》を持った男が、目の前で両親を切り殺すのを強制的に目撃させられた。そして、この男はシャンタルの首にも斧で切りつけ、その体を死体捨て場の穴に投げ入れた。地中に埋められ、首から大量に出血し、恐怖におののきながらも、シャンタルは「絶対に生き延びる」と決心した。

死体捨て場の穴から這い上がり、村の後方の山に逃げ込んで、九死に一生を得た。うっそうとした森に隠れて自分の故郷の村を見下ろすと、炎が家を次々と包み込み、愛する人々の悲鳴がこだました。この大虐殺が続いた1カ月の間、シャンタルは雑草を食べて飢えをしのいだ。

両親を目前で殺された子供が、一生続く大きな精神的ダメージを受けても当然だし、怒りと恐怖に喘《あえ》いで生きて当然だ。ところが、シャンタルは違った。シャンタルは人生を変える「3つの決断」のマスターなのだ。

シャンタルは、J・T・ルイスに語った。

「今は信じられないと思うけれど、今すぐ傷を癒して充実した幸せな人生を送ることができるわ。そのためには、感謝と赦《ゆる》し、慈愛の念を持てるように、毎日自分を訓練するの。自分にないものを恨むのではなく、自分にあるものに感謝するの。犯人とその家族を赦して、人のために貢献する方法を見つけ出せば、きっと苦痛から解放されるわ」

彼女の顔は至上の喜びに満ちていたと、J・T・ルイスはいう。自分の体験と比べても、シャンタルの経験は想像を絶するほどはるかに悲惨だ。もし彼女でさえ苦痛から解放されたのなら、自分だって可能なはずだ。そして、始めるのは今しかないとJ・T・ルイスは決心した。

どんな時も「人生の美しさ」に注目できる心の強さ

J・T・ルイスは、遠くからわざわざ連絡してくれたルワンダの孤児たちを助ける道を探そうと、心に決めた。シャンタルは、大虐殺を生き延びた幼い孤児たちを守り育てることに、自分が生きる理由と情熱を見出した。この使命のおかげで、自分の悲劇、喪失にとらわれずに済んだのだ。

自分を顧みず、人のために尽くすシャンタルに深く感動したJ・T・ルイスは、本気で人のために尽くそうと思った。「すばらしいシャンタルの未来をよくする」ことを自分の使命に決めた。

そして、シャンタルの大学進学費用の募金活動を熱心にやり始めた。数カ月後には、「(1年間の大学学費に相当する)2100ドルを募金で集めた」と、J・T・ルイスはスカイプでシャンタルに伝えた。彼女は心から感謝したが、発展途上国では、大学進学は必ずしも現実的な選択ではなかった。特に、シャンタルは自分の店をすでに運営していたので、躊躇せずに、この奨学金を親友のベティに譲った。

この話を聞いて感動した私は、ベティの学費の残り3年分と、シャンタルの新店舗と孤児院の新築資金を提供することを、その場で決めた。今、私たちは協力して資金を募り、大虐殺を生き延びた7万5000人にも上る孤児たちを助けるべく、精神科医やコーチたちを訓練している。

この話の最大の教訓は、**「人生の美しさに注目し、人のために尽くす道を見つけ出せば、人は自分の苦痛を乗り越えられる」**ということだ。これこそが「癒しの贈り物」だ。重要なカギは、自分が尽くしたいと思う対象を見つけることだ。

「使命」を持つことが、生きる究極の力となる。使命を持てば真の富を手に入れることができ、単なる楽しい人生から、喜びと意味に溢れた人生に変わる。

お金、時間、気遣い——何を人に与えられるか

もちろん、社会貢献とは、現金を寄付することだけではない。時間と感情をつぎ込むこ

とも、立派な社会貢献だ。子供や家族、友人、同僚と一緒に時間を過ごす。仕事も贈り物だ。歌や詩をつくる、国際的なビジネスを展開する、カウンセラーになる、医療従事者や教師になるなど、誰にでも他者に贈れる何かがあるはずだ。

愛に次いで貴重な贈り物は、労働だ。ボランティア活動に時間を使う、人を気遣う、自分の技術を教える。それらも、大きな精神的見返りを生む。

私の友人アリアナ・ハフィントンは、2015年に出版した著書『スライヴ（繁栄）：成功を再定義する3メトリック』（未邦訳）の中で、社会貢献することは肉体的、精神的健康を増進すると述べている。

私のお気に入りの実例は、英国エクセター大学医学部が実施した2013年の調査だ。この調査では、「ボランティア活動をすることで、うつ病にかかる確率が下がり、健康と感じる率は上がり、死亡率が22％も下がる」という結果が出た。アリアナは「最低、週1回のボランティア活動をすることで受ける健康上の恩恵は、年収が2万ドルから7万5000ドルに上がった時の効用に匹敵する！」とその著書で述べている。

富の「最後の秘密」は何か？

「何かを得る」よりも、「人のために尽くす」方が早く富を築けるということだ。

実業界、政界、財界、芸能界でどんなに成功を収めようと、充実した人生を送るカギは、成功するだけでなく、社会貢献することなのだ。

読者も、「自分を超えた社会のために人生がある」と、ある日、突然悟り、社会を大変革した大富豪の話を聞いたことがあるだろう。

鉄鋼王アンドリュー・カーネギーと『富の福音』

「墓場で一番大金持ちになっても仕方がない。夜寝る前に、『今日はすばらしいことができた』と言えることの方が私にとっては大事だ」

スティーブ・ジョブズ（アップル社創業者）

19世紀以前には、慈善行為は宗教団体が行なうものだった。王族、貴族、富豪たちは、財産を子孫に残すことばかりを考え、社会貢献する意志などはサラサラなかった。多くの実業家も同じだった。だが、**鉄鋼王アンドリュー・カーネギー**がこれを大きく変えた。

カーネギーは、当時の他の「泥棒男爵」を説得して、現在の慈善活動の形態をつくり出したのだ。カーネギーは実業家としては非情だったが、米国社会を大きく変貌させた鉄道や高層ビルに必要な製鉄を供給して社会に大きく貢献すると同時に、莫大な私財も築き、世界一の大富豪となった。

しかし年を取るにつれ、欲しいものはすでに何でも手に入れていた。到底使い切れない莫大な財産を前に、「人のためにお金を使わなければ意味がない」ことを悟った。

カーネギーは、人生の前半を財産を築くことに費やし、人生の後半は財産を与えることに費やした。この自己変革を論じた新聞記事を基に1889年に書かれたのが『富の福音』（きこ書房）だが、これは現在でも読む価値が十分にある。エール大学経済学部教授ロバート・シラーは、資本主義が慈善行為の原動力となることを教えるために、この本を全学生の必読書としている。

カーネギーのエッセイは当時の富豪たちに大きな影響を与え、社会を変革した。そして、当時のもう1人の大富豪ジョン・D・ロックフェラーにも挑戦状を突き付けた。競争心に駆られたロックフェラーは、全国の主要財団に次々と巨額の寄付を行なった。

「財産の規模ではなく、寄付の規模で富豪の偉大さが決まる」という新しい基準をカーネギーはつくり出した。カーネギーが注目したのは「教育」だった。カーネギーが生前に寄付したお金だけで、米国全体の図書館の数が2倍に増え、国民の知的成長に大きく貢献した。

■「個人の善意」で世界の課題は解決に向かう

免税店チェーン創業者で億万長者のチャック・フィーニーは、現代のカーネギーだ。75億ドルの財産のほぼ全てを匿名で寄付し、最近までその事実を公表することすらしなかった。私が初めて会った時、チャックはすでに83歳で晩年を迎えていた。長時間話すと疲れてしまうようだったが、言葉をはるかに超えた重い存在感があり、人生を満足して生きてきた力が感じられた。彼の目は喜びに溢れ、いつもにこやかに微笑み、心のやさしさが全身からにじみ出ていた。

チャック・フィニーは、次世代の富豪たちを奮起させた。テッド・ターナーは国連に10億ドルを寄付することを約束して、巨額寄付の炎に改めて火をつけた。その後、ビル・ゲイツとウォーレン・バフェットが協力して、億万長者が寄付を誓う「ギビング・プレッジ」をつくり、最低でも財産の半分を寄付するように富豪たちを説得している。

2015年9月現在、すでに150名の大富豪が「ギビング・プレッジ」に署名している。その中にはレイ・ダリオ、T・ブーン・ピケンズ、サラ・ブレイクリー、カール・アイカーン、そしてポール・チューダー・ジョーンズもいる。

現代の大富豪たちも、世界の最大の課題に果敢に取り組んでいる。カーネギーは寄付の対象として教育を選んだが、ビル&メリンダ・ゲイツ財団は、奨学金と予防可能な伝染病撲滅を選んだ。音楽家ボノは、発展途上国の前進を阻む国家債務の免除を選んだ。

しかし、インターネットが発達した現在、社会に貢献するためには、億万長者やロックスターである必要はない。テクノロジーを活用して、個人が少しずつ社会に貢献すれば、全体では大きな影響を与えることができる。

■「誰かを気遣う」と〝たくさんの感動〟が返ってくる

私が特に情熱を持って取り組んでいるのは、貧困に喘ぐ子供と家族の支援だ。目の前で苦しむ子供を無視することはできない。子供と家族が今直面する3つの最大の課題と、その解決に向け、すぐ実行に移せる具体的な方策を述べる。

最初の課題は、飢餓だ。米国は世界一裕福な国であるにもかかわらず、空腹のまま眠りにつく5歳以下の子供の比率は、4人に1人だ。年収1万1746ドル(日収32ドル以下）の極貧家庭の子供は10人に1人に上る。1700万人の子供を含む5000万人の米国人が、「必要な食料を満足に買えない家庭」に暮らしている。食べ物が十分にないため、食べる量を制限したり、食事を抜いたりする。子供に食べさせるため、自分は食べずに我慢する親もいる。

以前は「フードスタンプ」と呼ばれ、今は「スナップ（SNAP）」と呼ばれる低所得者向け食費補助対策予算が年額87億ドルも削減された。これは5000万人の貧困家庭の1カ月の食費から1週間分を削ったに等しい。

私自身、実際にこんな貧困家庭で育ったので、飢餓を身をもって体験した。だからこそ、統計上の数字の陰には、実際に飢えに苦しむ人がいることを肌で感じ、情熱を持ってこの問題に取り組んできた。

『世界のエリート投資家は何を考えているのか』でも述べたが、11歳の感謝祭の日に、私の人生は大きく変わった。食材をもらったからではなく、見知らぬ人が私を気遣ってくれたからだ。過去38年間に、私は4200万食分の食料を寄付してきた。私が金持ちになって大量に寄付できるまで待たずに始めたのが、カギだ。とにかく、できるところから始めた。

最初は2家族分の食料を買うのがやっとだったが、次には2倍の4家族に増やした。その翌年は8家族、さらにその翌年には16家族と増やしていった。私の会社が成長するにつれて、100万食、さらに200万食と投資の複利計算のように増えたが、精神的見返りはそれ以上に大きかった。

今、私は個人的に5000万食を寄付できるし、読者や協賛者の協力のおかげで、1億食以上も寄付できる幸運な立場にある。昔、助けてもらった恩を、今は多くの貧困家庭を助けることでお返しできている。この天の恵みには、心から感謝している。

魂に情熱の火がついた時の力ほど、強いものはない。人の気遣いに感動したように、私は本にも感動した。人生を大きく変えた著者の本を読むことで、私は著者の心を読み、制約され、縛られた人生から、限りのない可能性に満ちた人生へと導かれたのだ。

「人に尽くす」ことで得られる喜び

本書の読者には、「人生の価値を高める方法」をぜひ見つけてほしい。欠乏の人生ではなく、豊かな人生を送ってもらいたい。経済的に貧しくても豊かでも、**罪悪感や義務感からではなく、自分から進んで人に尽くし始めると**、大きな喜びを感じられる。

米国労働省の統計では、1年間に娯楽費2604ドルを費やす家庭が1億2400万世帯あり、その総額は3200億ドルにも上る。このうちのほんの一部を3大課題（飢餓、病気、奴隷）の解決に使ったとしたら、どうなるか想像してほしい。10食が1ドルで買える米国では、1億食を買うにも1000万ドルですむ勘定だ。これは総娯楽費のわずか0・0034％に当たり、まさに小銭に過ぎない。

そこで、私は偉大なビジネス界、広告業界のリーダーと共同で、苦痛なしで簡単に、この小銭を寄付できる技術を開発した。「スワイプアウト（www.swipeout.com）」のウェブサイトで簡単な登録を済ませると、世界中のどこでクレジットカードを使っても、端数の切り上げ分を自分が選んだ慈善団体に寄付してもらえるのだ。

たとえば、スターバックスのコーヒーが3・75ドルであれば、支払額を4ドルに切り上げて25セントが寄付に回るようにする。平均的消費者の1カ月の寄付の額は約20ドルだ。寄付の上限額（月10ドル）を設けることもできる。

月20ドルの寄付は、次のような効果を生み出す。

- **米国で、毎月200食（1年では2400食！）の食事を提供できる**
- **インドで、毎月10人（1年では120人）の子供に安全な飲料水を提供できる**

・カンボジアで、奴隷にされた少女を救出してリハビリ訓練を受けさせる頭金となる

米国では最大の課題である飢餓を、慈善団体「フィーディング・アメリカ」と提携し、このスワイプアウト技術を使って、撲滅することを目標としている。

世界中の子供たちにとっては、病気が最大の脅威だ。世界保健機関（WHO）によると、**汚れた水を飲むことでかかる病気によって、毎年340万人の子供が死亡している。これは第二次世界大戦の総戦死者数よりはるかに多く、20秒に1人の割合で子供が死ぬ計算である。**

スワイプアウトの第2の目標は、きれいで安全な水をできるだけ多くの子供に提供して、汚れた水による感染症を撲滅することだ。持続可能な解決策を掲げる慈善団体が数多くあるし、信頼できるきれいな水の供給を確保するコストは、1人あたりたった2ドルだ。

毎月の貯蓄額の「ほんの一部」を使うだけでいい

本書を通して、経済的自由を獲得できるように努力してきたが、毎月の貯蓄額のほんの一部を、世界中で奴隷にされた840万人の子供の自由を確保するために使ってはどうだろう？

２００８年にＡＢＣニュースのダン・ハリスが、奴隷の子供を買うのにどれだけの時間とお金がかかるかを極秘調査した。ニューヨークを出発した10時間後にはハイチに到着して、１５０ドルで子供を買う交渉をしていた。そして、「現代社会では、ｉＰｏｄ（アイポッド）より安く子供が買える」と報じた。

自分の子供や友人がこんな仕打ちにあうなど、想像もできない。**しかし、何年も奴隷にされた人の命や魂を自分が解放できたら、その影響を想像してみてほしい。**とても言葉では表現しきれない。

こうした大問題を解決するには、少しずつでも皆が一緒に出し合えばいい。私と友人、そして読者が協力して、今年1億食を提供する。これが持続可能な形で、毎年続けられたら、どんなにすばらしいことか！

私は、インドで毎日10万人にきれいな水を提供している。これが毎日３００万人に提供できるようになり、その後も増やしていけたらどんなにいいか。奴隷にされた５０００人の子供を救出し、教育を受けさせ、健康な人生が送れるように一緒に支援するのはどうか？

これらのことは、10万人が集まれば、実現できる。私が自分の財団を育てたように、この使命も世界中で育てられる。10年かけてメンバーを100万人まで増やせば、毎年10億食の食事と3000万人分のきれいな飲料水を提供することができ、奴隷の子供5万人を解放することができる。それこそ、子供1人を救っただけでも努力の甲斐があるが、これほど多くの人を救えるとしたら、それこそ夢のような話だ。

読者は寄付のために、どんな構想を持っているか。人は1年で達成できることは過大評価するのに、10年、20年かけて達成できることは過小評価する傾向がある。

私が2家族分の食料を調達し、自分の使命を実行に移した時は非常にワクワクした。私の最初の目標は100家族だったが、1000家族、10万家族、そして100万家族とどんどん増えていった。成長すればするほど、もっと高い目標が見えてくる。私たちの努力次第だから、私と一緒にやり始めないか？　自分に変化をもたらし、世界を変えよう。

■「10分の1税」を払う人で、経済的に成功しない人はいない

「社会貢献すると、寄付する人の魂が解放されるという恩恵があることに気づいた」

マヤ・アンジェロウ（詩人）

助けを必要とする人のために、自分の収入、時間の一部を、意識的に投じる決断を下し

てほしい。寄付する団体は問わない。

「この決断が正しいか」とか「世間体がいいか」といったことは関係ない。「生きていると実感し、真の充実感を得る」ための、真の豊かさを得られるかが問題なのだ。

前出の『「幸せをお金で買う」5つの授業』の著者ダンとノートンは、こう述べている。

「正しい動機で寄付をすれば、人との絆を改めて感じられる。たとえ少額でも幸福感を高め、これからも寄付し続ける可能性が高い」

「社会貢献にお金を使う」ことの意義に感動した行動経済学者のダン・アリエリーは、妻と息子2人と一緒に実行可能な簡単なシステムを開発した。子供がもらったお小遣いを3つのビンに分ける。ビン1は自分用、ビン2は知人用、ビン3は見知らぬ他人用だ。

3つのうち2つは社会貢献用で、この2つが子供を幸せにしてくれる。アリエリー家では、ビン2と、ビン3に同じ額を入れるように話した。愛する友人、家族のためにお金を使うのもよいことだが、ビン3のお金こそが一番重要な社会貢献になり、最も大きな満足感をもたらしてくれるのだ。

また、経済的余裕がない時でも迷わず寄付する人には、非常にポジティブな効用がある。社会貢献をしていると、脳は「自分には十分にある」と考えるようになるからだ。すると、深い充足感を味わうことができる。

投資家としても人間としても偉大なジョン・テンプルトン卿が、30年ほど前に私に教えてくれたことがある。それは「10分の1税（収入の8～10％を教会や慈善団体に寄付する）」を払う人で、経済的に成功しない人はいない、ということだ。

ただし、「収入がもっと増えたら、寄付する」という人が多いのが問題だ。昔は私も同じ考えだったが、今は**「収入とは関係なく、今すぐ始めるべきだ」**と考える。

準備ができていなくても、余裕がなくても、寄付する習慣をつけるのだ。1ドルから10セントを寄付できない人に、1000万ドルから100万ドルの寄付など絶対できないからだ。

どうやって、寄付を実践するか？　時間と労力を捧げるか？　収入の一部を「10分の1税」として納めるか？　スワイプアウトに参加して、人の人生を変えるために小銭を寄付するか？

本書に刺激を受け、寄付に対する気持ちが新鮮になっている今こそ、実践してほしい。寄付して一番恩恵を受けるのは、自分自身かもしれないのだ。それを覚えておいてほしい。博愛主義者の人生は、小さな一歩から始まる。さあ一緒に歩き出そう。

■「自分のことだけ」を考えるつまらなさ

「惨めなことは考えずに、まだ残る美しさだけを考える」アンネ・フランク

ところで、私は常に感謝と社会貢献の意味を知って生きてきたわけではない。貧しい暮らしをしていた時期もあり、振り返ると楽な人生ではなかったが、いつも天の恵みを受けていた。当時の私は気づかなかっただけだ。

子供の頃に貧しい家庭で育ったからこそ、最高レベルに到達すべく、私は常に努力を重ねてきた。しかし、いつでも変わらずうまくいくというわけではなく、また大きな成功が時々まとまって訪れることも知らなかった。

何を学ぶにしても長い時間がかかるが、本当にマスターするには、さらに長くかかる。ただし、一度マスターすれば、自分の一部となる。私は駆け出しの頃、物事がちっとも思い通りにいかないことに腹を立て、いつもイライラして怒ってばかりいた。

ある晩、真夜中に運転していて、「一体、何が悪いんだ？　こんなに一生懸命働いているのに、ちっともうまくいかない！　何が足りないんだ？」と考えた。すると突然、涙が溢れてきて、車を道路の脇に止め、常に持ち歩いていたメモ帳を取り出して、大きな字で

こう書き殴った。

「生きる秘密は与えることだ！」

「生きる意味」を忘れていたことに、私は気づいた。「喜びの源泉」が何かを忘れていた。**自分のことばかりではなく、社会全体のことを考えるのだ。**

再びハンドルを握った時には、啓発されて集中力が増し、自分の使命に対して新たな情熱の火が灯った。その後しばらくはうまくいったが、あの晩に書き殴った言葉はまだ抽象概念に過ぎず、本当に自分の一部になっていなかったので、その後難題に遭遇し、6カ月後には全財産を失ってしまった。

その後、カリフォルニア州ベニスの小さなアパートで、体重が170キログラムにまで増えて、憤懣《ふんまん》やるかたない人生最悪の時期を過ごした。大きな目標を追求する時には現われても当然の障害を自分が乗り越えられないことに対して、「全てを人のせいにする」という落とし穴にはまっていた。その時は、自分が周囲の人に操作されてきたとしか思えなかった。

「あんな人さえいなければ、自分は成功していたのに……」

自己憐憫《れんびん》の情に溺れて、イラだちや怒りが募るにつれて、生産性は下がる一方だった。

現実から逃避するためファストフードを食べ続け、ちっとも動かないから、ほんの数カ月で16キログラムも太った。何もせずに、昔はバカにしていた昼メロドラマばかりを見る生活が続いた。

どん底まで落ち込んだ当時を振り返ると、恥ずかしさと可笑《おか》しさが入り混じる。仕事もなく、所持金は19ドルちょっとしかなかった。

羽振りがよかった時に私が貸した1200ドルを、ちっとも返してくれない友人には特に腹を立てていた。文《もん》なしの私が借金の返済を求めて電話しても、この友人は知らんぷりで、電話にも出てくれない。私は怒り心頭に発し、「食事さえままならないのに、これからどうすればいいのか」と絶望した。

私が「本当に豊かになれた」瞬間

しかし、現実的な一面もある私は、「17歳でホームレスだった時は、どうやって暮らしていたかな?」と考えた。食べ放題のビュッフェに出かけて、食べられるだけ腹に詰め込んで、なんとか、しのいでいた。そこで、アイディアが浮かんだ。

高級住宅街マリーナ・デル・レイは、私のアパートからそう遠くなかった。そこには、

6ドルで食べ放題のビュッフェを提供するレストランがあった。ガソリン代や駐車料金を払う余裕はなかったので、5キロメートルの道のりを歩き、海岸沿いのそのレストランに出かけた。窓際の席に座り、「もう明日はない」というくらいものすごい勢いで、何回もおかわりして食べまくった。

食べながら、窓の外を豪華ヨットが行き来するのを眺めていると、「金持ちになれたなら、どんなにいいか」と考え始めた。すると、自分の心情が変わり始め、怒りが少しずつ消えていった。

食事を終える頃、7、8歳のスーツを着た男の子が、母親のために入口のドアを押さえる姿を目にした。その少年は母親をテーブルに連れて行き、母親が座りやすいように椅子を引いてあげた。本当に純真で善良そうな男の子で、「人のために尽くす」輝く存在だった。母親への尊敬の念が態度ににじみ出ていることに、私は本当に感動した。

私は自分の食事代を払ってから、男の子のいるテーブルへ行って、こう聞いた。

「失礼ですが、お母さんとこんなに丁寧に接する子供は今まで見たことがなく、非常に感銘を受けました。今日はお母さんをランチに連れてきたのですか?」

すると男の子は小声で、「僕はまだ8歳で働けないので、お母さんに連れてきてもらったのです」と答えた。そこで私はポケットに残っていた有り金全部（13ドルちょっと）をテーブルに置いて、「いや、このランチは君の奢りです」と宣言した。

男の子は私を見上げて「受け取れません」と言ったが、私は「もちろん、受け取れます」と、もうひと押しした。

「どうして？」と聞かれたので、私はニッコリ笑って「私の方が君より大きいからだ」と言い残し、レストランを立ち去った。

その後、家までの帰り道はほとんど走り通しだった。本当に文なしになったから心配して当然なのに、すっかり解放されて自由を感じていた。この日を境に、私の人生は大きく変わった。私が豊かになれたのは、まさにこの瞬間だった。

どんな出来事も「天の恵み」と感謝して生きること

私の中で、欠乏感がついに粉砕された。お金がないという恐れから、やっと解放されたのだ。恐れずに、有り金全部を与えることができた。魂の奥底で、「人を超越する存在が導いてくれた」と悟った。この瞬間は起こるべくして起こったのだ。

今まで自分の欲しいものを手に入れることばかりを考えて、与えることを忘れていた。

自分の魂をやっと取り戻すことができた。

何でも人のせいにして言い訳するのをやめたら、イライラと怒りは消え去った。「一文なしで、次の食事すらままならない」のに、全く心配していなかった。「人が自分の人生を悪くした」という悪夢から解放された至上の喜びで一杯だった。

その晩、私はある行動プランに全身全霊を賭けることにした。仕事を見つけるためにどうするかを具体的に決めた。実現できると確信してはいたが、次の給料どころか、次の食事代の見通しすらつかなかった。

そして、奇跡が起こった。翌朝、特別な手紙が郵便で届いた。私が以前1200ドルを貸した友人からの手紙で、「自分が苦境に立たされた時に君は助けてくれたのに、電話に出なくて済まなかった。今度は自分が恩返しする番だ」と書かれていた。そして1300ドルの小切手が同封されていた。これで次の1カ月くらいは、どうにかなる！　心底ホッとして、涙が出てきた。それから、私は「これには、どんな意味があるのだろうか？」と考えた。

単なる「偶然の一致」かもしれないが、この2つの出来事はつながっていて、「有り金全部を自発的に与えた報いとして、貸した金が戻ってきた」と信じることにした。義務感や恐怖感からではなく、心底「男の子にお金をあげたい」と思ったからだ。
その後も経済的、精神的に辛い時期はあったが、あの日のような欠乏感を味わったことは一度もないし、これからも絶対にないだろう。

本書の究極のメッセージはシンプルだ。
私が高速道路を降りてメモ帳に書き殴った言葉、**「人生の秘密は与えることだ！」**が、**豊かさの「最後の秘密」なのだ。**

楽しんで好きなだけ与えよう。与える余裕がないと思う時でも与えよう。そうすれば、自分の内面と周りには豊かさが溢れていることに気づくだろう。人生の出来事は偶然ではなく、その人を成長させるために起こるのだ。何事も天の恵みと思って常に感謝していれば、いつも豊かに暮らせる。

この真理を理解すれば、人は皆「世の中をよくするために生まれてくる」とわかる。私は、「毎日出会う人々と絆を深め、人生を変革させるきっかけになりたい」という自分の祈りを実現する努力をし続ける、深い意味を持った人生を取り戻した。
実際に会ったことがない読者のために、こうした思いを込めて本書を執筆した。どの考え、どの章も、「読者の人柄、人生で達成できる目標や、与えることの深い意味を理解してほしい」という私の願いに満ちている。

本書の目的は、読者と家族の人生の質をより高め、深める方法を教えることだ。最後まで本書を読み通した読者には、心の底から感謝している。将来、私のセミナーで会うチャンス、路上で偶然出会うチャンスがあれば、本書の原則を使って、人生を実際にどう変えたかをぜひ聞かせてほしい。

最後に、読者が永遠に豊かな人生を送ること、喜びと情熱、チャンスと障害、そして与えることに満ちた特別な人生を送ることを心から願って、本書を締めくくることとする。

愛と天恵を願って

アンソニー・ロビンズ

「経済的自由」に到達するためのチェックリスト

MONEY
MASTER THE GAME

自分の現在位置を知り、「経済的自由」に達するまでにすべきことを確認できるチェックリストを紹介する（訳註　ステップ1～5の詳細については、『世界のエリート投資家は何を考えているのか』を参照）。単に各項目を理解するだけでなく、必ず実行に移すことを忘れないでほしい。

ステップ1　人生で最も重要な経済的決断を下す

1 「消費者」ではなく、「投資家」になる決断をする。

2 「フリーダムファンド」（経済的自由を約束するための口座）に常に給与の一定％を貯蓄し続けることを誓う。

3 自動振替でお金を積み立てる手配をする。もしまだなら、今すぐその手続きをする。

4 現在の貯蓄額が少ないなら、雇用者に「セーブ・モア・トゥモロー」制度（給与から自動的に貯蓄されるシステム）を導入するよう働きかけることを誓う。

ステップ2 「インサイダー（事情通）」になる。ゲームに加わる前にルールを知る

1 「お金をめぐる9つの神話」を知り、自分と自分のお金を守る。

ここでミニ・テストを受けてほしい。答えを知りたければ『世界のエリート投資家は何を考えているのか』を読み返すこと。

a 10年間に市場平均利回りを上回る実績を出すアクティブ運用ファンドは何％あるか？

b ファンドの平均手数料は何％か？

c ファンドの手数料が1％と3％では、老後用の貯蓄の最終総額にどのくらいの差が出るか？

d ブローカーを比較して選んだか？　現在の投資コスト、リスク、戦略を、過去15年間の安価でシンプルな他の投資ポートフォリオと比較したか？

e 広告に使われる利回りと、実際に受け取る時の利回りに差があることを知っているか？

f 「ブローカー」と「受託者」の違いを知っているか？

g「ターゲット・デート・ファンド」（ＴＤＦ）はベストな選択肢か？

h ４０１（ｋ）プランをどうやって最大限に活用するか？

i「大きな報酬」を得るために「大きなリスク」を負う必要があるか？　下落時の損失を避けながら、上昇時の利益の一部を得られる投資商品は何か？

j 自分を制約し、前進することを阻んできたストーリーや感情を認識できるか？　このストーリーや感情パターンを打ち破ったか？

2 投資ガイドとなる助言者がいるか？　もしいなければ、オンラインで探すこと。

ステップ3　勝てる可能性のあるゲームにする

1「勝てる可能性」のあるゲームにする。

a 自分の経済的安定、活力、自立の実現に必要な貯蓄額を実際に計算してみる。

b まだしていなければ、今すぐ計算する。

2 経済的安定、または経済的自立に到達するまでの時間をスピードアップできる方法を実践する。

a 貯蓄額を増やす。

・節約できる費目を見つける。住宅ローンの繰り上げ返済を検討する。毎日の出費を削る。
・昇給した分を貯蓄に回す。
・貯蓄を増やすために、簡単に節約できる費目を見つける。ピザでも、水でも、スターバックスでもいい。1週間に40ドルを投資に回せば、生涯では50万ドルもの差が出る。特に貯蓄をすることに出遅れた人にとっては、有意義な選択肢だ。

b 収入を増やすために、自分の価値を上げる方法を見つける。自分の進む方向を転換し、別の業界に転職する必要があるか検討する。自分の価値を高め、もっと成長して収入を増やすためには、どんな方法があるか。

c 「節税対策」は十分にしているか。

d 大きなリスクなしに利回りを上げる投資法を見つける。損失から資産を守り、利益を一層高めるポートフォリオを見直す。

e ライフスタイルを向上させる。どこかに引っ越すことで、ライフスタイルが改善する可能性を考える。

ステップ4 人生最大の投資決断を下す

1 決して大損をしない「資産配分」を決める（1つのバスケットに全財産を入れない）。

2 「安定／安心バケツ」に入れる比率と、どんな投資商品を使うかを決める。「安定／安心バケツ」の中で異なるタイプの商品を組み合わせて、分散投資する。「安定／安心バケツ」に貯蓄の何%を入れるかを決める。

3 「リスク／成長バケツ」に入れる比率と、どんな投資商品を使うかを決める。「リスク／成長バケツ」の中で異なるタイプの商品を組み合わせて、分散投資する。

4 自分の現実的なリスク許容度を評価する。ラトガーズ大学が開発したテストを受けてみるとよい（http://njaes.rutgers.edu/money/riskquiz）。

5 自分が今いる人生のステージと、残された貯蓄・投資時間を考慮して、もっと保守的に、または野心的に投資すべきか否かを考える（まだ若ければ、損失が出ても取り戻すのに十分な時間がある。退職間近の人は、回復する時間がないので、「安定／安心バケツ」に入れる額を増やす方が賢明だ）。

6 自分のキャッシュフローの規模・金額を考えて、資産配分を保守的にするか、野心的にするかを決める。

7「安定／安心バケツ」と「リスク／成長バケツ」に配分する投資比率を決める。

8「夢バケツ」の中で、短期ゴールと長期ゴールを決める。

9「リスク／成長バケツ」の利益の一部を使うか、少額の貯蓄をして、「夢バケツ」を実現させる方法を確立する。

10「リバランス」と「ドルコスト平均法」を実践する。

a 株価の上下とは関係なく、一定額を投資に回す。投資をする時には「市場タイミングを計るのは、絶対うまくいかない」ことを忘れてはいけない。

b 自分で、または受託者に委任して、ポートフォリオの配分を常にリバランスする。ポートフォリオのリバランスは変動幅を最低限に抑え、利益を最大限に増やすために不可欠だ。

ステップ5 一生を通した収入プランをつくる

1「オール・シーズンズ戦略」の力。

レイ・ダリオが『世界のエリート投資家は何を考えているのか』で教えてくれた「オール・シーズンズ戦略」をじっくり読み、理解した上で実行に移す。30年間のうち損失（しかも最悪の損失を出した年の利回りは、マイナス3・93％）を出したのが、わずか4年で、残りの86％の年には利益を出し続けた成功戦略だ。

ステップ6 上位0・001％の超富裕層のように投資する

1 12人の頭脳明晰で偉大な投資家へのインタビューをじっくり読み、内容を理解する。

2 「金融界の究極のマスター」は誰か？　ウォーレン・バフェットを含めた誰と比較しても負けずに、どんな利回りを手に入れたか。どうしたらその人のように投資できるか。

3 エール大学財団のデイビッド・スウェンセンやJPモルガンのメアリー・キャラハン・アードスの資産配分から何を学んだか。

4 インデックスファンド創始者のジャック・ボーグルやマーク・ファーバーから何を学んだか。

5 ウォーレン・バフェットが誰にでも勧めるシンプルな資産配分戦略を取り入れる。

6 最小のリスクで最大の報酬を得る重要性を理解する。

7 ポール・チューダー・ジョーンズが信奉する「5対1原則」（5倍の見返りを期待できるものにだけ投資する）と「トレンドに乗る」レッスンを理解する。

8 レイ・ダリオが作成した30分間ビデオ「経済マシンがどう動くか」を見る。まだ見ていなければ、www.economicprinciples.com に行き、今すぐ見ること。

9 カイル・バスの「絶対に損をしない投資」の概念を理解する。5セント硬貨の力を覚えているか。米国政府の永久保証付きで、将来20～30％の利益を上げられる投資だ。

10 チャールズ・シュワブの中核レッスンと、ジョン・テンプルトン卿の「最悪の事態は最高の投資チャンス」の名言の意味を理解したか。第二次世界大戦や南米でのインフレ、世界恐慌、そして第二次世界大戦後の日本など、絶望が支配する時代にも常にポジティブに考えて投資したテンプルトン卿は、国際投資家として世界最初の億万長者となった。

11 上位0・001％の超富裕層のように投資するには、今どんな行動を取るべきか？

ステップ7 とにかく実行する。成果をエンジョイする。そして周囲に教える

1 「隠れた宝物」に気づく。

a「未来は非常に明るい」という事実に納得したか。

b 未来はエキサイティングな変化に溢れている。チャンスと問題は常に存在するが、世界中で暮らしの質を高めるような技術革新の波がこれからも続く。

2「将来いつか」ではなく、「今すぐ」豊かになることを誓って、究極の贈り物を自分にプレゼントする。自分が手にしているものに毎日感謝する習慣をつけ、日々の小さな成功を積み上げていくことで、この贈り物が手に入る。

3「期待」と「感謝の念」を取り換えられるか。生きている間中、前進し続けることを自分に誓う。前進は幸福を呼ぶ。自分を成長させ、人に与える——それが人生の意義だ。

4 自分がこの世に生まれてきた理由と、天が与えた自分の使命を見つけ出す。また、「死後に何を遺したいか」について考え始める。

5 ポケットに貯まる小銭を「世界の大変革」に役立てることを決める。

6「人生の秘密は与えること」という真実を体現する。

これらの簡単なチェックリストは、『世界のエリート投資家は何を考えているのか』と本書で学んだ内容の理解を深め、復習するのに役立つはずだ。もし見落とした点に気づいたら、本文に戻ってもう一度読み直してほしい。

「繰り返しは全ての学習の母だ。行動は全ての力の源だ」という事実を忘れないでほしい。

とにかく実践に移し、投資家の利益を最優先してくれる適切な投資助言者を探すことから始めるといい。彼らがプランの作成や調整を手助けしてくれる。

このチェックリストは全てをカバーするわけではないが、うまく活用してプランを実行に移して、成長し続けてほしい。

「知識ではなく、行動こそが力だ」という真実を肝に銘じて、毎日少しずつでも前進し続ければ、いつか必ず「経済的自由」が手に入る。

いつか私が読者に会える日が来ることを願っている。その日まで情熱を持って生き生きと暮らし、前進を続けてゲームをマスターしてほしい。

□解説……投資界の大物から「運用＆人生哲学」を聞き出した本

山崎　元

本書は、アンソニー・ロビンズが著した*MONEY: MASTER THE GAME*を2分冊したうちの、セクション6〜7を翻訳したものである。

2分冊の1冊め（セクション1〜5を抄訳）『世界のエリート投資家は何を考えているのか』は、投資や運用について細かく具体的な話題を扱っていた。

たとえば、投資における「手数料」の影響やポートフォリオのつくり方など、かなり踏み込んだ内容になっている。著者は金融や運用の専門家ではないにもかかわらず、なぜそのような本を書くことが可能になったのかと言うと、「投資業界の大物たち」にインタビューし、その知見をまとめ上げたのだという。

「では、一体、彼らに何を聞いてきたのだろうか」——1冊めを読むと、当然、そこに強い興味が湧く。

2冊めの本書には、「投資界の大物たち」とトニー・ロビンズが語り合う様子が収録されており、読み始めるにあたり期待が高まる。

カール・アイカーン、ウォーレン・バフェットをはじめ、インタビューの相手には、それぞれに興味を惹《ひ》かれるエピソードがあり、投資のスタイルも異なれば、人生観も異なり、読み物として大変面白い本になっている。

投資の成功者に関する本は、成功したファンド・マネジャー本人が書いているものもあるが、『マネーマスターズ列伝』『帝王の投資哲学』（いずれも日本経済新聞社）など、成功した運用者の何人かにインタビュアーが話を聞くというスタイルのものが何冊も刊行されている。「成功した投資家の運用ノウハウに迫る本」は、海外の投資本の中では1ジャンルをなしている。

翻《ひるがえ》って日本の場合には、「伝説の投資家」「決定的に成功して有名になった人」が圧倒的に少ないし、米国の過去の投資家に比べると、率直に言ってスケールが小さい。

米国で著名な投資家が輩出するのは、「お金を運用して稼ぐ」ことに対してポジティブな国民性ゆえでもあるし、投資信託（米国では、ミューチュアル・ファンドという）業界の発展の具合も影響しているだろう。一方、日本では運用会社が「組織」とか「チーム」を単位に動く傾向があり、意図的に「スターをつくらない」ことの影響もあるだろう。

これは皮肉半分、真実半分だが、「お金の運用」業界のビジネスモデルは、宗教に似ている。つまり、「うまいこと運用して、儲けてあげますよ」と「現世ご利益」を期待させてお布施《ふせ》（手数料）を取るというのが、投資信託などで行なわれていることの実質なのだ。そして、この「現世ご利益」は、保証されたものではない。

一方、本書の中でも紹介されている通り、たとえば10年間の投資パフォーマンスを見ると、96％のアクティブ運用ファンドが市場平均に負けているという。しかし、そうした投資業界全体のビジネス構図の中でも、ウォーレン・バフェットに代表される特定の成功者がおり、彼らがいることで「第二のバフェットを探して投資しよう」という顧客が現われるし、「成功者の真似をして投資してみよう」とワクワクする人も出てくるわけだ。

このように投資に対して夢を与えてくれる、あるいは「運用というのは、いいものだ」と具体的に示してくれるスターがいるのは、同じ金融業界、運用業界に働く者としては、米国の羨《うらや》ましいところである。

ただ、成功した投資家のノウハウを読む時にはコツがある。

まずはうまくいった人の方法、考え方、心構え、人柄に共感してみることだ。そして、それと同時に、「そのノウハウは再現可能なのか」と批判的に考えてみることだ。

たいていの投資戦略、特定の個人の成功したやり方には、専門的に見るとほぼ必ず何らかの弱点がある。また、ある個人が、ある時代の、ある状況で成功した方法は、率直に言って、常に有効だと言えるものではない。

たとえば、皆がバフェットのように運用するとしよう。すると、バフェットのポートフォリオが市場平均になり、「市場平均にずっと勝っているバフェット」は成立しなくなる。つまり「彼は、すごいプレーヤーだったが、『運のいい人』でもあった」と、冷静な目で見ることが大切だ。

「運を用いる」と書いて「運用」と言うぐらいだから、尊敬半分、批判半分で読む、というのが、この種の本の読み方の要諦《ようてい》である。

さて、筆者が運用会社でファンド・マネジャーをしていた時、若い部下や後輩には、投資の成功者について書かれたこの種の本を読むように勧めていた。

その時に、「この成功者が、仮に日本株でポートフォリオをつくるとしたら、どんな構成になるか、どういう特色を持ち、どういう時に儲かるか、弱点は何かと、具体的に想像しながら読んでみろ」と言っていた。

ファンド・マネジャーであれば、「景気のサイクル」をいくつか経験できるといいのだが、それには年数が必要だ。そこで、他の人の経験を通じて、あるいはマーケットの過去を通じて、さまざまなデータ、判断材料を増やしていき、経験の少なさを補いたいのだが、この種の本を読むことはそうした点で役に立つ。

ここで、ロビンズがインタビューを敢行した人たちの中から、私が気になった人物を何人か取り上げよう。

トップバッターは、**カール・アイカーン**だ。

アイカーンは、ただ単に「チャンスを見つける」「待っている」だけでなく、株を保有する企業の経営者に対してプレッシャーをかけることでリターンをつくり出す、いわゆる「アクティビスト」（物言う株主）と言われる人物だ。ロビンズによれば、「リターンの大きさ」は、バフェットよりもアイカーンの方が上回るのだという。

アイカーンの投資スタイルは、資産やビジネスの可能性は十分あるが、経営に問題があって株価が十分に上がっていない場合、その企業の株を大量に買い、「経営を正す」ことで利益が得られる、というものだ。

ただ、アイカーンの「チャンスの実現のさせ方」はかなり強引で、一般的に好かれない可能性もある。日本でも、かつての村上ファンドなどは似たやり方、考え方を持っていたように思う。村上世彰《よしあき》氏の自伝的著作である『生涯投資家』（文藝春秋社）を読むと、自分は世間的にイメージがよくないし、自分のせいで投資家のイメージもよくないのかもしれないと書いておられた。

「アクティビスト」は資産価値があって割安な企業を探し、経営に働きかけることによって、割安を解消させて株価を上げようとするが、常にチャンスがあるとは限らないし、影響力を持つためには結構な金額を集中投資する必要があるので、自分の計算が狂った場合のダメージは、かなり大きなものになる。そういう意味では、潜在的に大きなリスクを取らなければいけない運用方法ではあるが、アクティビストの存在によって大企業の経営が場合によってはよくなることがある（常によくなる、というわけではない）。

日本でも近年、株主の利益のために、企業が効率的に行動しているかが熱心に問われるようになり、「コーポレートガバナンス・コード（上場企業が守るべき行動規範を示した企業統治の指針）」が制定されるなどの動きが出てきた。そうした意味でも、アイカーンの事例は知っておく価値があるのではないかと思う。

エネルギッシュなアイカーンの次に登場する**デイビッド・スウェンセン**は、エール大学基金を長年管理・運用し、非常に高いリターンを上げた知的な人物だ。日本でも、年金運用業界や公的資金の運用業界では大変に名前の通った人で、運用について一家言を持つ人だ。

スウェンセンの運用の仕方は教科書的で、資産クラス（米国内株、外国株、新興国株、米国債券、等）の配分で投資する手法だ。そして、個々の資産クラスの中では、特定の銘柄に集中投資せず、分散投資することを推奨する。

しかし、スウェンセン自身は、いわゆる運用業界に対しては批判的で、特にアクティブ運用ファンドは市場平均には勝てないので、基本的にはバンガード社などが商品化しているようなインデックスファンドに投資するのがいい、という考えだ。

全体として、スウェンセンが運用する資産の70％は株式、残りの30％は全て米国債という配分だ。この配分比率は、1冊めの本（『世界のエリート投資家は何を考えているのか』）に出てきたレイ・ダリオのポートフォリオからすると、少し株式に資産が集中しすぎており、損失が出る時は大いに出るだろうと推測できる。

1冊めの解説でも書いたが、株価が評価される時に含まれる「リスクプレミアム」をどのようにして集めていくかが投資の重要なポイントであるとすると、スウェンセンは分散投資をしてリスクを下げながら、長期的にリスクプレミアムを集めるというスタイルなので、おおよそ模範的であり、個人投資家の参考にもなるのではないか。

スウェンセンのポートフォリオは、米国のような大きなマーケットにいて、最終的にはドルで支出することが前提なわけだが、それでも外国の株式を先進国と新興国あわせて25%持つのだから、彼は、国際分散投資の重要性を十分理解しているのだろう。国内の市場が大きいため、意外に国際分散投資の普及が遅れた米国の機関投資家にあって、スウェンセンは先駆的であった。

日本の投資家は、たとえば外国株6、国内株4といった比率でリスク資産部分を持つのがいいと筆者は考えている（分散されたポートフォリオをインデックスファンドで持つスタイルで）。

他方、現在、日本国債の金利が日銀の金融政策によって長期、短期ともにゼロ近辺に固定されるような特殊な状態になっており、確かに資産を100%、株式に投資しない方がいいとしても、普通に金利が動いている米国の過去の経験を現在の日本のマーケットにそのまま当てはめていいかどうかについては、疑問がある。

解説者としてのお勧めは、たとえば安定した部分を持つのであれば、変動金利の個人向け国債を持ち、将来、日銀の特別な金融政策が終了した状態、または長期金利（10年国債の利回りのこと）が2%を超えるような状況になってきた時には、日本でも相当程度の債券を組み入れることで分散投資効果を期待できる、と考えるのがよかろうと思う。

さて、「個人投資家に与えた具体的な貢献」という意味では、本書に登場するカリスマたちの中でも圧倒的に影響が大きいのが、**ジョン・C・ボーグル**だ。ボーグルが手数料の安いインデックスファンドを開発して商品化し、それを普及させてくれたおかげで、我々一般投資家はS&P500（米国の代表的な株価指数）や、世界の株式に投資するインデックスファンドを買うことができる。今日の投資家たちは、ボーグルに大いに感謝すべきだ。

一方で、運用業界の人はインデックスファンドがあまり好きではない。彼らは「インデックスファンドに商売を取られている」という気持ちがあり、「インデックスファンドだけになったら株価が正常につかない」「インデックスファンドはつまらない」などと、チャンスがあればインデックスファンドを悪く言いたいと思っている。

インデックスファンドの中でも、近年、勢力を増しているのが、ETF（上場投資信託）といわれる、市場で自動的に運用されるスタイルの商品だ。ETFは手数料も非常に安く、投資家のお金も集まってくるので、アクティブファンドの運用会社から見ると「目の上のたんこぶ」的存在だが、今やたんこぶが頭よりも大きくなった、というような状況だ。

ボーグルのエピソードを読むと、なぜ彼がインデックスファンドを手がけるようになったかというと、それが「ある種の偶然」に基づくものだったとわかる。ウェリントン・マネジメントで失敗してアクティブ運用禁止になり、「ではインデックス運用でもやろうか」というのがインデックス運用の始まりだったのだという。それが結果的に成功するのだから、人生は面白い。

ボーグル、そしてバンガード社の立派なところは、投資家と会社の利益が共通の方向になるように会社の仕組みをつくった点だ。たとえば、バンガードのファンドは運用資産額が増えていくと、運用手数料が下がる仕組みになっている。

具体的に言うと、日本の投資に詳しい投資家の間で人気のある「バンガード・トータル・ワールド・ストックETF」というファンド〈ティッカーコード〈株式市場で上場企業や商品を識別するために付けられる銘柄コード〉は「VT」〉がある。

VTは、世界の株式を丸ごと含んでいて、新興国の株も、日本株も、小型株も入っている。「何でもありで、これ1本」といった商品で、インデックスファンドに詳しい投資家の間では、「運用はこれ1本でいい」と言われるようなファンドだが、その割には米国での残高が大きくなかった。

その理由は、米国のファイナンシャル・アドバイザーが顧客にこのファンドを勧めてしまうと、自分の仕事がなくなるからだった。アドバイザーにとっては、大型株のファンドはこれ、小型株はこれ、新興国はこれと、個別に勧めた方が都合がよい。

しかし、運用資産額が次第に大きくなり、2015年に17ベーシス（0・17％）だった運用手数料が、運用資産額が大きくなると手数料を下げるという明確なポリシーがバンガードにはいる。運用資産額が2016年には14ベーシス、2017年には11ベーシスまで下がってきてあり、真に顧客本位の経営をしていることがわかる。

日本でも、いくつかのファンドで同様の動きがあるものの、バンガードほど大規模に、かつ確実に運用手数料を下げる形にはなっておらず、日本の心ある運用会社にはぜひ見習ってほしい点だ。

次に登場するのが**ウォーレン・バフェット**だ。バフェットは、今や、世界的にミスター資本主義、ミスター投資的存在であり、「資本主義のよき部分のアイコン」のごとき存在で、80代半ばを超えても現役の投資家で、社会に対する発信も続けている。

この本には直接出てこないが、バフェットにはバークシャー・ハサウェイの副会長を務めるチャーリー・マンガーというビジネスパートナーがいる。これが、なかなかの人物で、バフェットの7歳年上で90歳を過ぎたが、こちらも今なお現役である。

本書のインタビューでは、「自分は投資についてはすでに語り尽くしており、これ以上何か付け加えることはない」という態度が基本になっているが、バフェットの投資のスタイルは、株価が安くなった時に割安な株を買う「バリュー投資」と呼ばれる。

この「バリュー投資」を体系的に説いたベンジャミン・グレアムに師事して投資の世界に入ったバフェットだが、彼の投資の仕方は、「いつ」とはっきり言えないが、そこそこの会社を割安な株価で買うだけでなく、偉大な会社の株を適正価格で買い、長く持つスタイルに途中で変質している。

これには、恐らくチャーリー・マンガーの影響があって、バフェット本人も、「チャーリーのおかげで、グレアム流のバリュー株投資一本槍から私は成長した」と発言している。では、どういう会社が長期的に保有するに値する偉大な会社なのかといえば、「永続的な競争力がある会社」だ。

バフェットの投資で一番有名なのは、コカ・コーラだ。日本のコカ・コーラ社を見ても、コーラ以外にたくさんの商品を扱い、他社でペットボトル入りのお茶やミネラル・ウォーターが当たれば、コカ・コーラも同様の商品を市場に送り出す。

製造の規模も大きく、ブランド価値、経営効率、マーケティングの強さで、競合他社の商品の特色をつぶしていけば、コカ・コーラは常に負けない。しかも、グローバル企業で、マーケットは広がり続けている。こうした強みを持つ会社の株を探し、チャンスになったら買いにいくのだ。

その他にもバフェットには、2008年の金融危機の後、非常にいい条件でゴールドマン・サックスに投資できたり、米国の地銀ウェルズ・ファーゴ銀行の株を安値で大量に買うなどの成功例があり、偉大な会社への長期投資でリターンをたっぷり稼ぐ手法をとっている。

ただ、バフェットや彼の真似をしたい個人投資家が今後も「偉大な会社」を見つけられるのかは、なかなか難しい話である。特に、世間のバフェットマニアによく知っておいてほしいのは、あのバフェットが「S&P500のインデックスファンドを買え」と言っていることだ。

これもチャーリー・マンガーの影響かもしれないが、バフェットは基本的にはあまり分散投資をしなかった。分散投資しても平凡になるだけで非凡にはなれない。いいものを探して、長期的に保有し、経営を応援するのが長年の本人のスタイルで、分散投資しなかったからこそ、市場平均に大きく勝つことができた。

しかし、それは「たまたまうまく当たった」と言えなくもない。実際、妻に残す遺産の運用先は、バンガードの「S&P500」のインデックスファンドが90%、残りの10%は短期の米国債でいいと答えている。あのバフェットが「インデックスファンドだ」と言っているところに、注意を払ってほしいと筆者は思う。

ポール・チューダー・ジョーンズは、トニーの顧客の一人で、トレーダーである。トレードの世界で勝負している人は、メンタル的にもかなり厳しい状況があるだろうから、メンタルコーチがつく価値が十分あるのだろう。

チューダー・ジョーンズは「逆張り」よりも「順張り」、つまり「トレンドにつけ」と言っているが、その方法論としては「200日移動平均線を見る」という。投資の世界では古くからある方法で、拍子抜けするほど素朴な話だ。そして、「投資においては、攻撃より守備が大事」とも言っている。

将棋の世界でも、羽生善治《はぶよしはる》氏、渡辺明氏のような強い棋士は、相手の玉より、まず自分の玉から見るというが、投資においてもまずは自分の安全度を計るのが大事だということなのだ。「まずはリスクから見る」のが、プロのアプローチだ。

そして、「守りを固めるポートフォリオ」とは、具体的にどういうものかということについては、**レイ・ダリオ**に話を聞きに行くように彼はロビンズに言っている。

そのレイ・ダリオへのインタビューは、2分冊全体の中でも、ある意味で一番の目玉商品なのだが、運用の考え方にしても、本人の人柄にしても、詳しくは1冊目の『世界のエリート投資家は何を考えているのか』を読んでほしい。

具体的なポートフォリオも出てくるし、レイ・ダリオの人となりもわかる。また「経済は機械のように動く」という彼の主張を動画にしたものがインターネットにある（「レイ・ダリオ　動画」で検索されたい）。レイ・ダリオが考えている経済に対するアプローチ、見方は、バフェットのそれとも共通するものがあり、また今の日本の経済政策を動かしている見方とも共通するものなので、ぜひ見てほしい。


T・ブーン・ピケンズは、どちらかというと「乗っ取り屋」のイメージがある人だが、非常な楽観主義者で、「気前よく寄付し、また稼ぐ」ことを繰り返す。86歳で5度目の結婚ということは、3回や4回の失敗ではへこたれない人物ということなのだろう。よく言えばエネルギッシュ、悪く言えば失敗に学ばないタイプの人なのかもしれない。ただ、「正直であることにご褒美はいらない」など、彼の子供の頃のなかなかよい話が紹介されている。

これは投資のノウハウの部分というよりも、本書の後半で語られる「人生を幸福に暮らすためのマインドセット」の好例として取り上げているのだろう。

そして、「子孫に財産は残せないとしたら、何を残すか」という質問には、「真面目に働く労働倫理」「着実に貯蓄すること」「よく学ぶこと」が大事だと答えている。

この本の最後の方で、究極的には「他人にたっぷりと与えること」が、人生というゲームを成功に導き、幸福を感じるためのコツだとロビンズは書いているが、ピケンズはまさにその実践者なのだろう。

ただし、どちらかというと投機家であり、企業に対しては時に「乗っ取り屋」にもなるわけだから、いわゆる一般的な投資家が真似をする対象ではないと言い添えておく。

カイル・バスは、ヘッジファンド・マネジャーで、サブプライムローン問題を正確に見抜いて莫大な利益を上げた人物だ。読者はすごい人だと感動するかもしれないが、住宅価格の下落で大儲けした運用手法に、今後も有効な再現性があるのかどうかについては、少なからず疑問の余地がある。

２００８年の金融危機では、銀行株も住宅に投資した債券も大幅下落、保険会社の業績も悪化したが、運用業界には商品が下落した時にも儲けられる金融商品、金融的な仕掛けがたくさん用意されている。カイル・バスはそこに博打《ばくち》の代打《だいう》ちのごとく賭けて大きな成果と成功報酬を得たわけだが、一般論としては、「ヘッジファンドの客」はあまり賢い条件の取引をしていないと筆者は考えている（成功報酬の条件が悪すぎるからだ）。

カイル・バスのインタビューで面白いのは、「日本に注目している」「世界中で最大のチャンスは日本だ」という部分だろう。彼は、日本の国債価格が下落することに賭けてみたいと思っているようだ。

「世界中のストレスが集中しているのが日本だ」というカイル・バスの考えは、果たして正しいのか。彼が見落としているかもしれないのが、日本政府が発行した国債の一番大きな保有者が日銀だということだ。日銀は、政府から見るといわば子会社であり、親会社の債務を子会社が守っている形で国債を現金に換えているだけで、日銀を加えてバランスシートをつくれば、実質的には日本という国の負債は大したことはない。

「ギリシャよりも財政赤字が大変だ」と言われているのに、金融市場が混乱するとリスク回避で円が買われるのはそのためで、日本の国債は簡単にはデフォルト（債務不履行）しない構造になっている。

これまでも日本の財政赤字が大きいので、日本国債を売るときっと儲かるに違いないと、格付け会社が格付けする時に国債を売ろうとして、逆に利回りが下がり（すなわち国債の値段が上がり）、大損した投資家がたくさんいる。「暴落するぞ、するぞ」と言い続けていれば、いつしか当たるかもしれないが、「日本国債に大きなチャンスがある」というカイル・バスの言うことは、あまり真に受けない方がいいような気がする。

チャールズ・シュワブは、いわゆるディスカウントブローカーの草分けだ。

シュワブは個人向けのマーケットの5～10％持っており、手数料を下げることで、投資を身近にしてくれたという意味では、今日の投資家はシュワブの恩恵を受けている。

シュワブのインタビューの読みどころは、「子孫に残す家訓」の部分だろう。まず「自力で稼ぐことを学ばせる」という点。そして、その稼ぎの中から、一定額を貯めるように習慣づけることが大事で、よい教育を受け、有望な専攻を選び（一昔前で言うと「コンピュータ・サイエンス」かもしれないし、もう少し前だと「金融論」を学んでウォール街に入るのが有望だったのかもしれない）、高給な仕事に就け、という。

そして、稼いだお金は新車を買ったりして浪費するのではなく、401（k）プランに積み立てていく。そういう習慣を身につければ、適切に投資できるようになるし、子孫には子供の学資程度の少額を残せばいいのではないかと言っているのは、おおよそ健全な感じがする。

インタビューの最後をしめくくる**ジョン・テンプルトン**は、投資立志伝の中に必ず出てくる大物で、国際分散投資を非常に早くから手掛けて成功した人だ。悲観主義のピーク、つまり「この世の終わりだ」と思うような時に株を買い、楽観主義のピークに株を売るという投資スタイルの人だ。第二次世界大戦が始まり、株価が暴落した時に1ドル以下の株、日本で言うと「額面割れ」のようなボロ株をまとめて104社買い、しばらくして大儲けしたエピソードは、大変有名なのだが、「すごいエピソードだ」と思っても、ボロ株が生じる時が人生の中で何回あるのか、というのが真似するには難しい点だろう。

ただ、テンプルトンの言葉によれば、12年に2回ぐらいは下落相場があるので、その相場にチャンスを見出すことと、悲観主義がピークになり、「この世の終わりか」と思われるような時に買うというスピリットは、覚えておくといいと思う。

さて、この本のデラックスなところ、そして投資本として異色なところは、ロビンズが読者の人生を改善するためのコーチングを試みている点だ。投資界のカリスマたちへのインタビュー以降の部分も、なかなか読むに値する。

たとえば、自分が注意を向ける方向にエネルギーが流れるから、「ないものよりは、あるものに注目して、それに感謝する」「コントロールできないものに注目せず、コントロールできるもの、自分が変えられるものに注目する」という彼の考えは、意思決定論からいっても妥当だ。

こうしたロビンズ流のコーチングの話があることで、(やや暑苦しくはあるが)本書は楽しくページを繰ることができる。

私は「すばらしい方法論」「画期的な自己啓発」というものを信じないタイプだが、「毎朝10分、自分が感謝するものを3分思い浮かべ、誰かの幸せを3分祈り、自分が達成したい目標を3つ思い浮かべる（4分）」という著者の「10分エクササイズ」については、何となく腑に落ちるものがあり、好感を持った。著者が言うように「感謝は大事だ」と口では言いながら、実際に感謝する時間を取っている人は少ない。

「幸せになるためのエクササイズ」として、レイ・ダリオのポートフォリオと共に試してみるのもいいだろう。

「投資の本を買ったと思ったら、自己啓発の話が書いてあった」という点については、「いい付録があった！」と前向きに解釈してほしい。

それにしても、投資の方法論をまとめるために、多くの専門家にインタビューを行ない、さらに自分のよかれと思うことをこれだけ熱く語るのだから、トニー・ロビンズは、何ともエネルギッシュな人物だ。2分冊のこの著書は全体として、彼自身が「大物」であることを余すところなく語っていると言っていいだろう。

本書は、ここで扱う主題について著者が正しいと考える情報を提供するものだが、特定のポートフォリオ、あるいはいかなる個人の要望に合わせた個別の助言または法的助言、会計的助言のような、投資助言、その他の専門的サービスを提供するものではないという著者と発行者双方の理解の下に販売される。投資助言、法的助言、会計的助言などの専門的サポートを必要とする場合は、専門家の適切なサービスを受けるものとする。

本書の参照パフォーマンスデータは長期にわたって収集されたものである。過去の実績は将来の成果を保証するものではない。さらに、法令、法規に加え、パフォーマンスデータも時間と共に変化するものであり、そのため本書に書かれた情報の状況も変わることがある。

本書は、歴史的データのみに基づいて基本原則を論じ、説明している。加えて、本書はなんらかの財務決定の根拠となることを意図するものでも、特定の投資アドバイザーによる推奨でも、有価証券の売買の提案でもない。有価証券の売買の提案については、目論見書のみをもって行なうものであり、投資や支出に先だって目論見書を熟読し、慎重に検討しなければならない。

本書にある情報の正確性や完全性は保証されたものではなく、著者および発行者のいずれも、直接・間接を問わず、本書のいかなる内容の利用および応用の結果として発生した、個人またはそれ以外のいかなる債務、損失、リスクについて責任を負わない。

世界《せかい》のエリート投資家《とうしか》は
何《なに》を見《み》て動《うご》くのか

著　者――アンソニー・ロビンズ
訳　者――鈴木雅子（すずき・まさこ）
解説者――山崎　元（やまざき・はじめ）
発行者――押鐘太陽
発行所――株式会社三笠書房
〒102-0072 東京都千代田区飯田橋3-3-1
電話：(03)5226-5734（営業部）
：(03)5226-5731（編集部）
http://www.mikasashobo.co.jp
印　刷――誠宏印刷
製　本――若林製本工場

編集責任者　長澤義文
ISBN978-4-8379-5782-9 C0030